INDIGO

Arbeitsheft

Grammatik

Ute Wetter und Karl Fedke

Mildenberger

Inhaltsverzeichnis

Wie ist das Arbeitsheft aufgebaut?

Das **Arbeitsheft Grammatik** zum Wörterbuch INDIGO eignet sich besonders für den Unterricht und die Arbeit mit **heterogenen Lerngruppen**. Orientiert am kompakten Grammatikteil des Wörterbuchs INDIGO werden die Inhalte aus dem Arbeitsheft Deutsch als Zweitsprache erweitert und mit den Wörtern aus dem **blauen Teil** des Wörterbuchs angewendet.

Deutsch als Zielsprache wird hier nach folgenden didaktischen Prinzipien organisiert:

1. **Anwendung** von Satzmustern durch:
   - sprechen und hören
   - schreiben und
   - miteinander kommunizieren
2. **Analyse** von Wörtern und Sätzen, die in ihrem regelrechten Gebrauch nach Grammatikthemen der deutschen Sprache geordnet sind.

   Das Heft kann gemeinsam im Unterricht, aber auch zur Differenzierung für einzelne Schülerinnen und Schüler, **unabhängig von Alter und Klassenstufe**, eingesetzt werden. Das eingeheftete **Lösungsheft** ermöglicht eine einfache **Selbstkontrolle**.

Wie kann man mit dem Arbeitsheft arbeiten?

Das Heft wird als gemeinsames Unterrichtsmaterial genutzt:

1. Jedes Thema des Grammatikteils aus dem Wörterbuch INDIGO wird zu Beginn mit einer bildlichen Darstellung anschaulich eingeführt. Von dieser Situation ausgehend erscheinen mögliche passende Satzmuster in Sprechblasen. Diese kurzen Sätze werden benannt und im Hinblick auf das grammatikalische Thema und den ersten Arbeitshinweis analysiert. Der Wortschatz des blauen Teils des Wörterbuches wird systematisch erarbeitet. Die sich anschließende Regel dient der Festigung des bereits angewendeten Inhalts. Zur weiteren Veranschaulichung der Regel kann die Lehrkraft zusätzliche Wörter und Beispielsätze bei den Situationsbildern im Wörterbuch INDIGO finden.
2. Immer wiederkehrende Arbeitsaufträge von **betrachten**, **beschreiben** und **sprechen** bis hin zu **lesen** und **schreiben** werden gemeinsam erarbeitet und ermöglichen das Verstehen und die Verwendung einzelner Satzmuster im Zusammenhang mit den Regeln zur Grammatik der deutschen Sprache. Die Lösungen werden mit allen besprochen und dann selbstständig eingetragen und verglichen.
3. Im Dialog, z. B. im Rollenspiel, findet die Anwendung der gelernten grammatikalischen Strukturen statt. Je nach individuellem Leistungsstand verwenden die Schülerinnen und Schüler die Fragen und Antworten nach den Satzmustern im Arbeitsheft oder fügen selbstständig formulierte Sätze hinzu. Häufig bietet es sich an, die Satzmuster aus dem Arbeitsheft inhaltlich auf die persönliche Situation der Schülerinnen und Schüler der Lerngruppe bezogen im Dialog anzuwenden. So gelingt die Übertragung des Gelernten auf die individuelle Sprachproduktion.

Das Heft wird als Arbeitsmaterial selbstständig genutzt:

1. Die kurzen Satzmuster in den Sprechblasen werden zu jedem grammatikalischen Thema selbstständig mithilfe der Arbeitshinweise und der **Merksätze** erarbeitet. Symbole ergänzen und verdeutlichen die Arbeitsaufträge. Verstehen, sprechen, lesen und schreiben können im eigenen Rhythmus erfolgen und die Kontrolle kann selbstständig mithilfe der Lösungsseiten durchgeführt werden.
2. Zur weiteren Differenzierung besteht die Möglichkeit, mit Partnern zusammenzuarbeiten oder einzelne Dialoge ins eigene Heft zu übertragen.
3. Im letzten Teil des Heftes finden diejenigen Schülerinnen und Schüler, die schon fortgeschrittener sind, Tabellen, die als Orientierung in der Grammatik der deutschen Sprache hilfreich sein können. Sie dienen entweder:
   - als mögliche Nachschlagehilfe oder
   - als Möglichkeit, weitere eigene Sätze mit den Wörtern aus der Tabelle zu bilden.

Hinweise zum Material

Die Artikel sind häufig mit einer Farbe hinterlegt, ebenso die unbestimmten Artikel. Die Kennzeichnung mit den drei Farben erleichtert das Lernen der passenden Artikel zu den Nomen.

Erklärung der Aufgabensymbole

nachschlagen im Wörterbuch INDIGO

schreiben

sprechen und hören

einen Dialog führen

1 Nomen

1 **Finde die Nomen (Namenwörter) in den Sprechblasen und schreibe sie auf die Linien.**

Einladung ____________ ____________

____________ ____________

____________ ____________

____________ ____________

____________ ____________

!

Nomen (Namenwörter) werden großgeschrieben.
Nomen sind Namen von Menschen, Tieren, Pflanzen oder Gegenständen. Nomen sind auch Namen von Gefühlen und Dingen, die man nicht sehen kann.
Beispiel: Oma, Hund, Gemüse, Tisch, Freude, Zeit

! Vor **Nomen** (Namenwörtern) stehen oft **Artikel** (Begleiter).
Es gibt **bestimmte Artikel**. Der bestimmte Artikel (Begleiter) zeigt das **grammatische Geschlecht** (Genus) an.
Beispiel: der Tisch, die Kuh, das Gefühl

2 **Schreibe die Nomen (Namenwörter) von Aufgabe 1 mit dem Artikel (Begleiter) auf. Schreibe die Seitenzahlen dazu.**

Artikel	Nomen	Seite	Artikel	Nomen	Seite
die	Einladung	115			

3 **Sprecht miteinander.**
Schreibe die Antworten.

Frage: Was steht auf dem Tisch?

Antwort: Da steht  das Gemüse.

Frage: Was steht auf dem Tisch?

Antwort: Da steht 

______ ______________.

Frage: Was steht auf dem Tisch?

Antwort: Da __________  ______ ____________.

Frage: Was steht auf dem Tisch?

Antwort: Da __________  ______ ____________.

Frage: Was steht auf dem Tisch?

Antwort: Da __________  ______ ______________.

1 Nomen – bestimmter Artikel der

!

Der **Artikel** (Begleiter) **der** (**Maskulinum**) steht meistens bei diesen Nomen (Namenwörtern):

→ **männliche Personen, manche Tiere und Berufe**
Beispiel: der Vater, der Hund, der Lehrer

→ **Tage und Monate**
Beispiel: der Samstag, der Juni

→ **Jahreszeiten und Himmelsrichtungen**
Beispiel: der Frühling, der Osten

→ **Nomen, die so enden: -ling, -or, -us, -er**
Beispiel: der Zwilling, der Direktor, der Bus, der Bäcker

4 **Finde 12 Nomen (Namenwörter) im Wörterbuch mit dem Begleiter der und schreibe sie in die Tabelle. Schreibe die Seitenzahlen dazu.**

Artikel	Nomen	Seite
der	Geburtstag	132

!

Der **Artikel** (Begleiter) **die** (**Femininum**) steht meistens bei diesen Nomen (Namenwörtern):

→ **weibliche Personen, manche Tiere und Berufe**
Beispiel: die Mutter, die Kuh, die Lehrerin

→ **Nomen, die so enden:**
-e, -ei, -heit, -keit, -schaft, -ung, -tät, -ik, -ur, -ion
Beispiel: die Schule, die Bäckerei, die Krankheit, die Sauberkeit, die Mannschaft, die Zeitung, die Majestät, die Musik, die Natur, die Religion

5 **Finde 12 Nomen (Namenwörter) im Wörterbuch mit dem Begleiter die und schreibe sie in die Tabelle. Schreibe die Seitenzahlen dazu.**

Artikel	Nomen	Seite
die	Turnhalle	242
____		
____		
____		
____		
____		
____		
____		
____		
____		
____		
____		

1 Nomen – bestimmter Artikel das

Der **Artikel** (Begleiter) **das** (**Neutrum**) steht meistens bei diesen Nomen (Namenwörtern):

→ **Sachen und manche Tiere**
Beispiel: das Geschenk, das Kamel

→ **Nomen, die so enden: -chen, -nis, -um**
Beispiel: das Kaninchen, das Zeugnis, das Zentrum

6 **Finde 12 Nomen (Namenwörter) im Wörterbuch mit dem Begleiter das und schreibe sie in die Tabelle. Schreibe die Seitenzahlen dazu.**

Artikel	Nomen	Seite
das	Geschenk	135
______		
______		
______		
______		
______		
______		
______		
______		
______		
______		
______		

!

Vor **Nomen** (Namenwörtern) stehen oft auch **unbestimmte Artikel** (Begleiter).
Beispiel: ein Tisch, eine Kuh, ein Gefühl

7 **Finde den unbestimmten Artikel.**

der Tisch — ein Tisch

die Kuh — ______ ____________

das Gefühl — ______ ____________

der Stuhl — ______ ____________

die Kartoffel — ______ ____________

das Kraut — ______ ____________

8 **Sprecht miteinander.**
Schreibe Sätze mit dem unbestimmten Artikel.

Frage: Wo ist ein Teller?

Antwort: Da ist ein Teller.

Frage: Wo ist ein Messer?

Antwort: Da ist ______ ____________.

Frage: Wo ist eine Gabel?

Antwort: Da ist ______ ____________.

Frage: Wo ist ein Supermarkt?

Antwort: Da ist ______ ____________.

Frage: Wo ist ein Glas?

Antwort: Da ist ______ ____________.

Frage: Wo ist eine Bank?

Antwort: Da ist ______ ____________.

Nomen (Namenwörter) gibt es im **Singular** (Einzahl) und im **Plural** (Mehrzahl).
Beispiel: die Banane, die Banane**n**
Die Pluralformen sind bei vielen Nomen (Namenwörtern) unterschiedlich.
Beispiel: der Tiger, die Tiger; das Auto, die Autos

9 **Wo findest du den Plural? Schau im Wörterbuch.**

	Singular	Plural
	die Banane	die Bananen
	das Fest	
	das Buch	
	das Pferd	
	die Schule	
	das Brötchen	
	der Apfel	
	die Erdnuss	
	die Blume	

10 **Sprecht miteinander.**
Schreibe die Antworten.

Frage: Was mag Adam? **Antwort:** Adam mag  die Bananen.

Frage: Was mag Laura? **Antwort:** Laura mag  ______.

Frage: Was mag Tim? **Antwort:** ______  ______.

Frage: Was mag Eva? **Antwort:** ______  ______.

Frage: Was mag Said? **Antwort:** ______  ______.

11 **Sprich und schreibe Fragen und Antworten.**

Einkaufsliste

1 eins	**6** sechs
2 ~~zwei~~	**7** sieben
3 drei	**8** acht
4 vier	**9** neun
5 fünf	**10** zehn

Was  kaufst du ein?

Ich kaufe (**2**) zwei  Brote ein.

Was  kaufst du ein?

Ich kaufe (**10**) ____________  ____________ ________.

Was  kaufst du ein?

Ich kaufe (**6**) ____________  ____________ ________.

Was  kaufst du ein?

Ich kaufe (**9**) ____________  ____________ ________.

Was  kaufst du ein?

Ich kaufe (**3**) ____________  ____________ ________.

Was  kaufst du ein?

Ich kaufe (**5**) ____________  ____________ ________.

Was  kaufst du ein?

Ich kaufe ____________ ____________ ________.

1 Zusammengesetzte Nomen

!

Im Wörterbuch findest du **zusammengesetzte Nomen** bei dem ersten Wort.
Nomen (Namenwörter) können zusammengesetzt werden.
Beispiel: Erstes Wort: Tisch, zweites Wort: Decke → Tischdecke
Das zweite Wort bestimmt das grammatische Geschlecht (Genus).
Beispiel: der Tisch, die Decke → die Tischdecke

12 **Wo findest du diese zusammengesetzten Wörter im Wörterbuch?**

Schulhof, Sonnenbrille, Taschenlampe, Teekanne, Wetterbericht, Wörterbuch, Zahnbürste, ~~Tischdecke~~, Schultasche, Schulsachen

Schreibe so:

1. Wort	2. Wort	zusammengesetztes Wort	Seite
der Tisch	die Decke	die Tischdecke	238

13 **Wo findest du noch mehr zusammengesetzte Nomen im Wörterbuch?**

1. Wort	2. Wort	zusammengesetztes Wort	Seite

14 Sprecht miteinander.
Schreibe Fragen und Antworten.

Frage: Was ist das?

Antwort: Die Decke auf dem Tisch ist die Tischdecke.

Frage: Was _________ _________?

Antwort: Der Hof an der Schule ist _______ _______________________.

Frage: Was _________ _________?

Antwort: Die Brille gegen die Sonne ist _______ _______________________.

Frage: Was _________ _________?

Antwort: Die Lampe in der Tasche ist _______ _______________________.

Frage: Was _________ _________?

Antwort: Die Kanne für den Tee ist _______ _______________________.

Frage: Was _________ _________?

Antwort: Der Bericht über das Wetter ist _______ _______________________.

Frage: Was _________ _________?

Antwort: Das Buch über die Wörter ist _______ _______________________.

Frage: Was _________ _________?

Antwort: Die Bürste für die Zähne ist _______ _______________________.

1 Die vier Fälle des Nomens

Nomen (Namenwörter) können **in vier Fällen** stehen.
Der **1. Fall** (**Nominativ**) antwortet auf die Frage: **wer oder was?**
der Mann – die Frau – das Kind
Beispiel: **Wer** kocht heute? **Der Vater** kocht heute.

15 **Sprich und schreibe Fragen und Antworten.**

Frage: Wer hat die Gabel?

Antwort: (Mann) Der Mann hat die Gabel.

Frage: Wer hat die Gabel?

Antwort: (Junge) ______ ____________ hat die Gabel.

Frage: Wer hat die Gabel?

Antwort: (Frau) ______ ____________ hat die Gabel.

Frage: Wer hat die Gabel?

Antwort: (Oma) ______ ____________ ______ ______ ____________.

Frage: Wer hat die Gabel?

Antwort: (Kind) ______ ____________ ______ ______ ____________.

Frage: Was ist im Haus?

Antwort: (Stuhl) ______ ____________ ist im Haus.

Frage: ________ ist im Haus?

Antwort: (Tisch) ______ ____________ ______ ______ ____________.

Frage: ________ ist im Haus?

Antwort: (Schrank) ______ ____________ ______ ______ ____________.

Nomen (Namenwörter) können **in vier Fällen** stehen.
Der **2. Fall** (**Genitiv**) antwortet auf die Frage: **wessen?**
des Mannes – der Frau – des Kindes
Beispiel: **Wessen** Glas ist das? Das ist das Glas **der Frau**.

16 **Sprich und schreibe Fragen und Antworten.**

Frage: Wessen Glas ist das?

Antwort: Das ist das Glas (Mann) des Mannes.

Frage: Wessen Glas ist das?

Antwort: Das ist das Glas (Schüler) ______ ______________.

Frage: ______________ Glas ist das?

Antwort: Das ist das Glas (Frau) ______ ______________.

Frage: ______________ Glas ist das?

Antwort: Das ist das Glas (Schülerin) ______ ______________.

Frage: ______________ Glas ist das?

Antwort: Das ist das Glas (Kind) ______ ______________.

Frage: ______________ Glas ist das?

Antwort: Das ist das Glas (Mädchen) ______ ______________.

Frage: ______________ Koffer ist das?

Antwort: Das ist der Koffer (Arzt) ______ ______________.

Frage: ______________ Koffer ist das?

Antwort: Das ist der Koffer (Ärztin) ______ ______________.

1 Die vier Fälle des Nomens

Nomen (Namenwörter) können **in vier Fällen** stehen.
Der **3. Fall** (**Dativ**) antwortet auf die Frage: **wem?**
dem Mann – der Frau – dem Kind
Beispiel: **Wem** bringt Ali das Essen? Ali bringt das Essen **dem Kind**.

17 **Sprich und schreibe Fragen und Antworten.**

Frage: Wem gehört die Tasche?

Antwort: Die Tasche gehört (Mann) dem Mann.

Frage: Wem gehört die Tasche?

Antwort: Die Tasche gehört (Schüler) ________ ________________.

Frage: ________ gehört die Tasche?

Antwort: Die Tasche gehört (Frau) _______ ______________.

Frage: ________ gehört die Tasche?

Antwort: Die Tasche gehört (Schülerin) _______ __________________.

Frage: ________ gehört die Tasche?

Antwort: Die Tasche gehört (Kind) ________ ___________.

Frage: ________ gehört die Tasche?

Antwort: Die Tasche gehört (Mädchen) ________ __________________.

Frage: ________ schenkt Laura das Buch?

Antwort: Laura schenkt das Buch (Opa) ________ ___________.

Frage: ________ gibt Lorenz den Fußball?

Antwort: Lorenz gibt den Fußball (Freund) ________ ________________.

Nomen (Namenwörter) können **in vier Fällen** stehen.
Der **4. Fall** (**Akkusativ**) antwortet auf die Frage: **wen oder was?**
den Mann – die Frau – das Kind
Beispiel: **Wen** findet der Hund? Der Hund findet **das Kind**.

18 **Sprich und schreibe Fragen und Antworten.**

Frage: Wen fragt das Kind?

Antwort: Das Kind fragt (Mann) den Mann.

Frage: ________ fragt das Kind?

Antwort: Das Kind fragt (Lehrer) ______ ______________.

Frage: ________ fragt das Kind?

Antwort: Das Kind fragt (Frau) ______ ______________.

Frage: ________ fragt das Kind?

Antwort: Das Kind fragt (Oma) ______ ______________.

Frage: ________ liebt das Kind?

Antwort: Das Kind liebt (Opa) ______ ______________.

Frage: Was sucht das Kind?

Antwort: Das Kind sucht (Spiel) ______ ______________.

Frage: ________ sucht das Kind?

Antwort: Das Kind sucht (Brot) ______ ______________.

Frage: ________ findet der Hund?

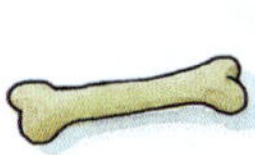

Antwort: Der Hund findet (Knochen) ______ ______________.

2 Pronomen

1 **Finde die Personalpronomen (persönlichen Fürwörter) in den Sprechblasen und schreibe sie auf die Linien.**

ich ____________________ ____________________

____________________ ____________________

____________________ ____________________

!

Nomen (Namenwörter) können durch **Pronomen** (Fürwörter) ersetzt werden.
Die **Personalpronomen** (persönlichen Fürwörter) heißen:

	im **Singular** (Einzahl)	im **Plural** (Mehrzahl)
1. Person:	**ich**	**wir**
2. Person:	**du**	**ihr**
3. Person:	**er, sie, es**	**sie**

2 **Sprich und schreibe Fragen und Antworten.**
Finde die passenden Personalpronomen.

Frage: Hallo, wer bist du?

Antwort: Hallo, ich bin der Vater.

Antwort: ________, ________ bin die Mutter.

Frage: Hallo, wer seid ________?

Antwort: ________, ________ bin Pablo.

Antwort: ________, ________ bin Fatima.

Antwort: Hallo, ________ sind Freunde.

Frage: Entschuldigung, ist Pablo der Sohn?

Antwort: Ja, ________ ist der Sohn.

Frage: Ist Fatima die Tochter?

Antwort: Ja, ________ ist die Tochter.

Frage: Wo ist das Baby?

Antwort: ________ ist hier.

Frage: Hallo, wer seid ________?

Antwort: Hallo, ________ sind Familie Meier.

Frage: Wie alt bist ________?

Antwort: ________ bin 12 Jahre alt.

Frage: Wie alt ist Benno?

Antwort: ________ ist 10 Jahre alt.

du | ihr | sie | er | ~~ich~~ | ich | ihr | Er | wir | ich | Es | ich | Ich | wir

2 Pronomen

! Das **Possessivpronomen** (besitzanzeigendes Fürwort) zeigt, wem oder zu wem etwas gehört.
Beispiel: **mein** Vater, **meine** Mutter, **mein** Kind, **meine** Geschwister

Sie stehen	im **Singular** (Einzahl)	und	im **Plural** (Mehrzahl)
1. Person:	**mein**		**unser**
2. Person:	**dein**		**euer**
3. Person:	**sein, ihr, sein**		**ihr**

3 **Schreibe die Wörter hinter die Possessivpronomen.**

	die Familie	Das ist meine Familie ______.
	der Onkel	Das ist mein ______.
	die Geschwister	Das sind meine ______.
	die Oma	Das ist meine ______.
	der Cousin	______ ______ ______ ______.

4 **Sprich und schreibe Sätze.**

Ich	📖	lese	mein	Buch.
Du	📖	liest	______	______.
Er	📖	liest	______	______.
Sie	📖	liest	______	______.
Es	📖	liest	sein	______.
Wir	📖	lesen	______	______.
Ihr	📖	lest	______	______.
Sie	📖	lesen	______	______.

5 **Sprecht miteinander.**
Schreibe die passenden Pronomen.

Ich stelle mich und meine ______ Familie vor.

Frage: Wie heißt ______?

Antwort: ______ heiße Markus.

Frage: Wie heißt ______ Freund?

Antwort: ______ Freund heißt Buruk.

Frage: Wo wohnt ______?

Antwort: ______ wohnt im Nachbarhaus.

Frage: Wie heißt ______ Freundin?

Antwort: ______ Freundin heißt Laura.

Frage: Wo wohnt ______?

Antwort: ______ wohnt in der Stadt.

Frage: Wie heißt euer ______ Vater?

Antwort: ______ ______ ______ ______.

Frage: Wie ______ eure ______ Mutter?

Antwort: ______ ______ ______ ______.

~~meine~~ · er · dein · ~~euer~~ · du · Unser · sie · deine · Mein · Er · ~~eure~~ · Unsere · Sie · Meine · Ich

3 Verben

1 **Finde die Verben (Tunwörter) in den Sprechblasen und schreibe sie auf die Linien.**

ruft an ______________ ______________

______________ ______________

______________ ______________

______________ ______________

! **Verben** (Tunwörter) sagen, was jemand tut oder was geschieht. Sie haben einen **Infinitiv** (Grundform) mit einem **Wortstamm** und einer **Endung**. Sie haben verschiedene **Personalformen**.
Beispiel: bellen, er bellt **bell** | **en**

Wortstamm Endung

!

Verben (Tunwörter) haben einen **Wortstamm** und eine **Endung**.
Das Verb im Infinitiv (in der Grundform) hat die Endung **-en** oder **-n**.
Beispiel: mal**en**, kletter**n**

2 Finde auf den angegebenen Seiten die Verben und schreibe sie in die Tabelle.

Seite	Wortstamm	Endung	Infinitiv
95	bell	en	bellen
219	schwimm		
227	spring		
124	feier		
146	hol		
168	les		
84	arbeit		
226	spiel		
157	kletter		
171	mal		
123	fang		
168	lieg		
142	handel		
166	leb		
128	frag		
168	lern		
220	schwindel		
82	anruf		
264	woll		

3 Verben – Personalformen

Verben (Tunwörter) haben verschiedene **Personalformen**.
Bei vielen Personalformen bleibt der Wortstamm bestehen,
aber die Endung ändert sich.
Beispiel: mal**en** (Infinitiv)

	Singular (Einzahl)	**Plural** (Mehrzahl)
1. Person:	ich mal**e**	wir mal**en**
2. Person:	du mal**st**	ihr mal**t**
3. Person:	er, sie, es mal**t**	sie mal**en**

3   **Sprecht miteinander.**
Schreibe Fragen und Antworten mit dem Verb  **„malen".**

Frage: Malst du ein Bild?

Antwort: Ja, ich  male ein Bild.

Frage:  ____________ er ein Tier?

Antwort: Ja, er  ____________ ein Tier.

Frage: Hallo,  ______________ wir zusammen?

Antwort: Ja, _______  ______________ zusammen.

Frage:  ____________ ihr das Haus?

Antwort: Nein, _______  ______________ ________ ______________ ____________.

Frage:  ______________ die Kinder ein Bild?

Antwort: Ja, _______  ______________ ________ ____________.

! Die Veränderung von Verben (Tunwörtern) in der Personalform heißt **Konjugation** (Beugung).
Beispiel: gehen (Grundform), ich gehe, du gehst, sie geht, wir gehen

4 **Sprich und schreibe Sätze mit den Personalformen des Verbs „gehen".**

Ich gehe ______ in die Schule.

Du ______ ______ ______ ______.

Der Lehrer ______ ______ ______ ______.

Er ______ ______ ______ ______.

Die Lehrerin ______ ______ ______ ______.

Sie ______ ______ ______ ______.

Das Kind ______ ______ ______ ______.

Es ______ ______ ______ ______.

Wir ______ ______ ______ ______.

Ihr ______ ______ ______ ______.

Die Kinder ______ ______ ______ ______.

Sie ______ ______ ______ ______.

5 **Sprich und schreibe Fragen und Antworten mit den Personalformen des Verbs „brauchen".**

Frage: Was braucht ______ der Lehrer in der Schule?

Antwort: Der Lehrer braucht ______ in der Schule die Tafel ______.

Frage: Was ______ du in der Schule?

Antwort: Ich ______ in der Schule ______ ______.

Frage: Was ______ das Kind in der Schule?

Antwort: Das Kind ______ in der Schule ______ ______.

Frage: Was ______ die Schülerinnen und Schüler in der Schule?

Antwort: Die Schülerinnen und Schüler ______ ______ ______ ______ die Pause ______.

6 **Finde auf Seite 52 sechs Verben und schreibe sie im Infinitiv und in der 3. Person Singular (Einzahl).**

Infinitiv	Personalform
hören	er hört
	sie hört
	es hört

7 **Sprich und schreibe die Verben in der 3. Person Plural (Mehrzahl). Ergänze die Sätze.**

Viele Hunde lieben den Spaziergang im Wald. Sie ______________ Löcher in die Erde.

Manche Hunde ____________ Kaninchen. Sie ______________ nach Futter.

Die Hunde ______________ gern durch den Wald. Sie ______________ Stöcke.

Dann ______________ sie die Stöcke zu mir.

8 **Sprich und schreibe die Sätze mit den Verben in der 3. Person Singular (Einzahl).**

Mein Hund liebt den Spaziergang im Wald.

Er ____.

____.

____.

____.

______________________________.

______________________________.

____

____

____

____

3 Unregelmäßige Verben

!

Bei manchen Verben (Tunwörtern) ändert sich der Wortstamm in den Personalformen.
Diese Verben heißen **unregelmäßige Verben**.
Beispiel: **fahr**en, er **fährt**
Die unregelmäßigen Verben stehen im Wörterbuch ab der Seite **298**.

9 **Schreibe die Personalpronomen zu dem Verb „essen“.**

Du · Wir · Es · Ich · Sie · Sie · Ihr · Er

______________ esse.	Das Kind ______________ isst.
______________ isst.	______________ isst.
Der Vater ______________ isst.	______________ essen.
______________ isst.	______________ esst.
Die Mutter ______________ isst.	Die Kinder ______________ essen.
______________ isst.	______________ essen.

10 **Sprecht miteinander. Schreibe Fragen und Antworten mit dem Verb „essen“.**

Frage: Was __________ du gern?

Antwort: Ich __________ gern  __________ ______________.

Frage: Was __________ Fatima gern?

Antwort: Sie __________ gern  __________ ______________.

Frage: Was __________ Adam gern?

Antwort: __________ __________ gern  __________ ______________.

Frage: Was __________ ihr gern?

Antwort: __________ ______________ gern __________ ______________.

Frage: Was essen deine Eltern gern?

Antwort: __________ ______________ gern __________ ______________.

11  **Wo findest du diese Verben im Wörterbuch?**
Schreibe die Seitenzahlen dazu.
Schreibe die Personalformen im Singular in die Tabelle.

~~dürfen~~ können sollen müssen wollen mögen

	Infinitiv	Personalform	Seite
	dürfen	ich darf du darfst er darf	112

3 Modalverben

> Die **Verben** (Tunwörter) **können**, **müssen**, **dürfen**, **sollen**, **wollen**, **mögen** oder **möchten** können nicht allein stehen.
> Sie brauchen noch ein anderes Verb.
> Das andere Verb steht immer im Infinitiv (Grundform) und am Ende eines Satzes.
> Beispiel: Ich **möchte** das Brot **kaufen**. Sie **mag** das Brot **essen**.

12  **Sprich und schreibe Fragen und Antworten.**

Frage: Was möchtest du  kaufen?

Antwort: Ich  möchte das Brot kaufen.

Frage: Was magst du  essen ____?

Antwort: Ich ____  ____ ____  ____.

Frage: Was darf Maria  ____?

Antwort: Sie ____ 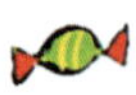 ____ ____  ____.

Frage: Was mag Tim  ____?

Antwort: Er ____  ____ ____ ____.

Frage: Was will Markus  ____?

Antwort: ____ ____  ____ ____ ____.

Frage: Was soll Lea  lernen?

Antwort: Sie ____ Deutsch ____.

Frage: Was muss Eva  machen?

Antwort: ____ ____ Hausaufgaben ____.

Frage: Was kann Lorenz  spielen?

Antwort: ____ ____ Gitarre ____.

Frage: Was mag Laura  ____?

Antwort: ____ ____ ____ ____ ____.

Frage: Was mögen Pablo und Lukas  ____?

Antwort: Sie mögen ____ ____ ____.

! Die Verben (Tunwörter) **sein**, **haben** und **werden** heißen **Hilfsverben**.
Sie sind sehr wichtig.
Beispiel: Ich bin 10 Jahre alt. Ich habe bald Geburtstag.
Ich werde 11 Jahre alt.

13 **Wo findest du die Verben „sein", „haben", „werden" im Wörterbuch? Schreibe die Seitenzahlen dazu. Schreibe alle Personalformen auf.**

Infinitiv	Personalform	Seite
sein	ich	
	du	
	er, sie, es	
	wir	
	ihr	
	sie	
haben		
werden		

4 Negation – Verneinung

1 **Finde die Wörter für die Verneinung eines Nomens (Namenwortes) in den Sprechblasen. Schreibe so:**

der Hase, kein Hase ____________________

____________________ ____________________

____________________ ____________________

!

Das Wort **nein** bedeutet eine **Verneinung**.
Die Wörter **kein** und **keine** verneinen das Nomen (Namenwort).

Beispiel:	der	Hund	die	Katze	das	Pferd
	ein	Hund	eine	Katze	ein	Pferd
	kein	Hund	keine	Katze	kein	Pferd

1 Nomen

1 **Finde die Nomen (Namenwörter) in den Sprechblasen und schreibe sie auf die Linien.**

Einladung	Glück
Durst	Kuchen
Hunger	Gemüse
Brot	Obst
Zeit	Milch

Nomen (Namenwörter) werden großgeschrieben.
Nomen sind Namen von Menschen, Tieren, Pflanzen oder Gegenständen. Nomen sind auch Namen von Gefühlen und Dingen, die man nicht sehen kann.
Beispiel: Oma, Hund, Gemüse, Tisch, Freude, Zeit

Nomen – bestimmter Artikel 1

Vor **Nomen** (Namenwörtern) stehen oft **Artikel** (Begleiter).
Es gibt **bestimmte Artikel**. Der bestimmte Artikel (Begleiter) zeigt das **grammatische Geschlecht** (Genus) an.
Beispiel: der Tisch, die Kuh, das Gefühl

2 **Schreibe die Nomen (Namenwörter) von Aufgabe 1 mit dem Artikel (Begleiter) auf. Schreibe die Seitenzahlen dazu.**

Artikel	Nomen	Seite	Artikel	Nomen	Seite
die	Einladung	115	das	Gemüse	134
das	Glück	113	das	Brot	102
der	Durst	113	das	Obst	185
der	Kuchen	163	die	Zeit	268
der	Hunger	147	die	Milch	175

3 **Sprecht miteinander. Schreibe die Antworten.**

Frage: Was steht auf dem Tisch?
Antwort: Da steht das Gemüse.

Frage: Was steht auf dem Tisch?
Antwort: Da steht die Milch.

Frage: Was steht auf dem Tisch?
Antwort: Da steht das Brot.

Frage: Was steht auf dem Tisch?
Antwort: Da steht das Obst.

Frage: Was steht auf dem Tisch?
Antwort: Da steht der Kuchen.

1 Nomen – bestimmter Artikel der

Der **Artikel** (Begleiter) **der** (**Maskulinum**) steht meistens bei diesen Nomen (Namenwörtern):
- → **männliche Personen, manche Tiere und Berufe**
  Beispiel: der Vater, der Hund, der Lehrer
- → **Tage und Monate**
  Beispiel: der Samstag, der Juni
- → **Jahreszeiten und Himmelsrichtungen**
  Beispiel: der Frühling, der Osten
- → **Nomen, die so enden: -ling, -or, -us, -er**
  Beispiel: der Zwilling, der Direktor, der Bus, der Bäcker

4 **Finde 12 Nomen (Namenwörter) im Wörterbuch mit dem Begleiter der und schreibe sie in die Tabelle. Schreibe die Seitenzahlen dazu.**

Artikel	Nomen	Seite
der	Geburtstag	132
der		
der		
der		
der		
der	(individuelle Lösungen)	
der		
der		
der		
der		
der		
der		

Nomen – bestimmter Artikel die 1

Der **Artikel** (Begleiter) **die** (**Femininum**) steht meistens bei diesen Nomen (Namenwörtern):
- → **weibliche Personen, manche Tiere und Berufe**
  Beispiel: die Mutter, die Kuh, die Lehrerin
- → **Nomen, die so enden:**
  -e, -ei, -heit, -keit, -schaft, -ung, -tät, -ik, -ur, -ion
  Beispiel: die Schule, die Bäckerei, die Krankheit, die Sauberkeit, die Mannschaft, die Zeitung, die Majestät, die Musik, die Natur, die Religion

5 **Finde 12 Nomen (Namenwörter) im Wörterbuch mit dem Begleiter die und schreibe sie in die Tabelle. Schreibe die Seitenzahlen dazu.**

Artikel	Nomen	Seite
die	Turnhalle	242
die		
die		
die		
die		
die	(individuelle Lösungen)	
die		
die		
die		
die		
die		
die		

1 Nomen – bestimmter Artikel das

Der **Artikel** (Begleiter) **das** (**Neutrum**) steht meistens bei diesen Nomen (Nomenwörtern):
→ **Sachen und manche Tiere**
Beispiel: das Geschenk, das Kamel
→ **Nomen, die so enden: -chen, -nis, -um**
Beispiel: das Kaninchen, das Zeugnis, das Zentrum

6 **Finde 12 Nomen (Nomenwörter) im Wörterbuch mit dem Begleiter das und schreibe sie in die Tabelle. Schreibe die Seitenzahlen dazu.**

Artikel	Nomen	Seite
das	Geschenk	135
das		
das		
das		
das		
das	(individuelle Lösungen)	
das		
das		
das		
das		
das		
das		

Nomen – unbestimmter Artikel 1

Vor **Nomen** (Nomenwörtern) stehen oft auch **unbestimmte Artikel** (Begleiter).
Beispiel: ein Tisch, eine Kuh, ein Gefühl

7 **Finde den unbestimmten Artikel.**

der Tisch — ein Tisch
die Kuh — eine Kuh
das Gefühl — ein Gefühl
der Stuhl — ein Stuhl
die Kartoffel — eine Kartoffel
das Kraut — ein Kraut

8 **Sprecht miteinander.**
Schreibe Sätze mit dem unbestimmten Artikel.

Frage: Wo ist ein Teller?
Antwort: Da ist ein Teller.
Frage: Wo ist ein Messer?
Antwort: Da ist ein Messer.
Frage: Wo ist eine Gabel?
Antwort: Da ist eine Gabel.
Frage: Wo ist ein Supermarkt?
Antwort: Da ist ein Supermarkt.
Frage: Wo ist ein Glas?
Antwort: Da ist ein Glas.
Frage: Wo ist eine Bank?
Antwort: Da ist eine Bank.

1 Nomen – Singular und Plural

Nomen (Namenwörter) gibt es im **Singular** (Einzahl) und im **Plural** (Mehrzahl).
Beispiel: die Banane, die Bananen
Die Pluralformen sind bei vielen Nomen (Namenwörtern) unterschiedlich.
Beispiel: der Tiger, die Tiger; das Auto, die Autos

9 **Wo findest du den Plural? Schau im Wörterbuch.**

Singular	Plural
die Banane	die Bananen
das Fest	die Feste
das Buch	die Bücher
das Pferd	die Pferde
die Schule	die Schulen
das Brötchen	die Brötchen
der Apfel	die Äpfel
die Erdnuss	die Erdnüsse
die Blume	die Blumen

10 **Sprecht miteinander.**
Schreibe die Antworten.

Frage: Was mag Adam? **Antwort:** Adam mag die Bananen.
Frage: Was mag Laura? **Antwort:** Laura mag die Pferde.
Frage: Was mag Tim? **Antwort:** Tim mag die Brötchen.
Frage: Was mag Eva? **Antwort:** Eva mag die Blumen.
Frage: Was mag Said? **Antwort:** Said mag die Bücher.

Nomen – Plural 1

11 **Sprich und schreibe Fragen und Antworten.**

1 eins	6 ~~sechs~~
2 ~~zwei~~	7 sieben
3 ~~drei~~	8 acht
4 vier	9 ~~neun~~
5 ~~fünf~~	10 ~~zehn~~

Was kaufst du ein?
Ich kaufe (2) zwei Brote ein.
Was kaufst du ein?
Ich kaufe (10) zehn Eier ein.
Was kaufst du ein?
Ich kaufe (6) sechs Möhren ein.
Was kaufst du ein?
Ich kaufe (9) neun Brötchen ein.
Was kaufst du ein?
Ich kaufe (3) drei Gurken ein.
Was kaufst du ein?
Ich kaufe (5) fünf Zitronen ein.
Was kaufst du ein?
Ich kaufe (individuelle Lösung).

1 Zusammengesetzte Nomen

Im Wörterbuch findest du **zusammengesetzte Nomen** bei dem ersten Wort.
Nomen (Namenwörter) können zusammengesetzt werden.
Beispiel: Erstes Wort: Tisch, zweites Wort: Decke → Tischdecke
Das zweite Wort bestimmt das grammatische Geschlecht (Genus).
Beispiel: der Tisch, die Decke → die Tischdecke

12 **Wo findest du diese zusammengesetzten Wörter im Wörterbuch?**

~~Schulhof~~, ~~Sonnenbrille~~, ~~Taschenlampe~~, ~~Teekanne~~, ~~Wetterbericht~~, ~~Wörterbuch~~, ~~Zahnbürste~~, ~~Tischdecke~~, ~~Schultasche~~, ~~Schulsachen~~

Schreibe so:

1. Wort	2. Wort	zusammengesetztes Wort	Seite
der Tisch	die Decke	die Tischdecke	238
die Schule	der Hof	der Schulhof	218
die Sonne	die Brille	die Sonnenbrille	225
die Tasche	die Lampe	die Taschenlampe	236
der Tee	die Kanne	die Teekanne	236
das Wetter	der Bericht	der Wetterbericht	262
die Wörter	das Buch	das Wörterbuch	265
der Zahn	die Bürste	die Zahnbürste	267
die Schule	die Tasche	die Schultasche	218
die Schule	die Sachen	die Schulsachen	218

13 **Wo findest du noch mehr zusammengesetzte Nomen im Wörterbuch?**

1. Wort	2. Wort	zusammengesetztes Wort	Seite
	(individuelle Lösung)		

Zusammengesetzte Nomen 1

14 **Sprecht miteinander.**
Schreibe Fragen und Antworten.

Frage: Was ist das?
Antwort: Die Decke auf dem Tisch ist die Tischdecke.

Frage: Was ist das?
Antwort: Der Hof an der Schule ist der Schulhof.

Frage: Was ist das?
Antwort: Die Brille gegen die Sonne ist die Sonnenbrille.

Frage: Was ist das?
Antwort: Die Lampe in der Tasche ist die Taschenlampe.

Frage: Was ist das?
Antwort: Die Kanne für den Tee ist die Teekanne.

Frage: Was ist das?
Antwort: Der Bericht über das Wetter ist der Wetterbericht.

Frage: Was ist das?
Antwort: Das Buch über die Wörter ist das Wörterbuch.

Frage: Was ist das?
Antwort: Die Bürste für die Zähne ist die Zahnbürste.

1 Die vier Fälle des Nomens

Nomen (Namenwörter) können **in vier Fällen** stehen.
Der **1. Fall** (**Nominativ**) antwortet auf die Frage: **wer oder was?**
der Mann – die Frau – das Kind
Beispiel: **Wer** kocht heute? **Der Vater** kocht heute.

15 **Sprich und schreibe Fragen und Antworten.**

Frage: Wer hat die Gabel?
Antwort: (Mann) Der Mann hat die Gabel.

Frage: Wer hat die Gabel?
Antwort: (Junge) Der Junge hat die Gabel.

Frage: Wer hat die Gabel?
Antwort: (Frau) Die Frau hat die Gabel.

Frage: Wer hat die Gabel?
Antwort: (Oma) Die Oma hat die Gabel.

Frage: Wer hat die Gabel?
Antwort: (Kind) Das Kind hat die Gabel.

Frage: Was ist im Haus?
Antwort: (Stuhl) Der Stuhl ist im Haus.

Frage: Was ist im Haus?
Antwort: (Tisch) Der Tisch ist im Haus.

Frage: Was ist im Haus?
Antwort: (Schrank) Der Schrank ist im Haus.

Die vier Fälle des Nomens 1

Nomen (Namenwörter) können **in vier Fällen** stehen.
Der **2. Fall** (**Genitiv**) antwortet auf die Frage: **wessen?**
des Mannes – der Frau – des Kindes
Beispiel: **Wessen** Glas ist das? Das ist das Glas **der Frau**.

16 **Sprich und schreibe Fragen und Antworten.**

Frage: Wessen Glas ist das?
Antwort: Das ist das Glas (Mann) des Mannes.

Frage: Wessen Glas ist das?
Antwort: Das ist das Glas (Schüler) des Schülers.

Frage: Wessen Glas ist das?
Antwort: Das ist das Glas (Frau) der Frau.

Frage: Wessen Glas ist das?
Antwort: Das ist das Glas (Schülerin) der Schülerin.

Frage: Wessen Glas ist das?
Antwort: Das ist das Glas (Kind) des Kindes.

Frage: Wessen Glas ist das?
Antwort: Das ist das Glas (Mädchen) des Mädchens.

Frage: Wessen Koffer ist das?
Antwort: Das ist der Koffer (Arzt) des Arztes.

Frage: Wessen Koffer ist das?
Antwort: Das ist der Koffer (Ärztin) der Ärztin.

1 Die vier Fälle des Nomens

Nomen (Namenwörter) können **in vier Fällen** stehen.
Der **3. Fall** (**Dativ**) antwortet auf die Frage: **wem?**
dem Mann – der Frau – dem Kind
Beispiel: **Wem** bringt Ali das Essen? Ali bringt das Essen **dem Kind**.

17 Sprich und schreibe Fragen und Antworten.

Frage: Wem gehört die Tasche?
Antwort: Die Tasche gehört (Mann) dem Mann.

Frage: Wem gehört die Tasche?
Antwort: Die Tasche gehört (Schüler) dem Schüler.

Frage: Wem gehört die Tasche?
Antwort: Die Tasche gehört (Frau) der Frau.

Frage: Wem gehört die Tasche?
Antwort: Die Tasche gehört (Schülerin) der Schülerin.

Frage: Wem gehört die Tasche?
Antwort: Die Tasche gehört (Kind) dem Kind.

Frage: Wem gehört die Tasche?
Antwort: Die Tasche gehört (Mädchen) dem Mädchen.

Frage: Wem schenkt Laura das Buch?
Antwort: Laura schenkt das Buch (Opa) dem Opa.

Frage: Wem gibt Lorenz den Fußball?
Antwort: Lorenz gibt den Fußball (Freund) dem Freund.

Die vier Fälle des Nomens 1

Nomen (Namenwörter) können **in vier Fällen** stehen.
Der **4. Fall** (**Akkusativ**) antwortet auf die Frage: **wen oder was?**
den Mann – die Frau – das Kind
Beispiel: **Wen** findet der Hund? Der Hund findet **das Kind**.

18 Sprich und schreibe Fragen und Antworten.

Frage: Wen fragt das Kind?
Antwort: Das Kind fragt (Mann) den Mann.

Frage: Wen fragt das Kind?
Antwort: Das Kind fragt (Lehrer) den Lehrer.

Frage: Wen fragt das Kind?
Antwort: Das Kind fragt (Frau) die Frau.

Frage: Wen fragt das Kind?
Antwort: Das Kind fragt (Oma) die Oma.

Frage: Wen liebt das Kind?
Antwort: Das Kind liebt (Opa) den Opa.

Frage: Was sucht das Kind?
Antwort: Das Kind sucht (Spiel) das Spiel.

Frage: Was sucht das Kind?
Antwort: Das Kind sucht (Brot) das Brot.

Frage: Was findet der Hund?
Antwort: Der Hund findet (Knochen) den Knochen.

2 Pronomen

1 Finde die Personalpronomen (persönlichen Fürwörter) in den Sprechblasen und schreibe sie auf die Linien.

ich	du
er	sie
wir	ihr

Nomen (Namenwörter) können durch **Pronomen** (Fürwörter) ersetzt werden.
Die **Personalpronomen** (persönlichen Fürwörter) heißen:

	im **Singular** (Einzahl)	im **Plural** (Mehrzahl)
1. Person:	**ich**	**wir**
2. Person:	**du**	**ihr**
3. Person:	**er, sie, es**	**sie**

Pronomen 2

2 Sprich und schreibe Fragen und Antworten. Finde die passenden Personalpronomen.

Frage: Hallo, wer bist du?
Antwort: Hallo, ich bin der Vater.
Antwort: Hallo, ich bin die Mutter.

Frage: Hallo, wer seid ihr?
Antwort: Hallo, ich bin Pablo.
Antwort: Hallo, ich bin Fatima.
Antwort: Hallo, wir sind Freunde.

Frage: Entschuldigung, ist Pablo der Sohn?
Antwort: Ja, er ist der Sohn.

Frage: Ist Fatima die Tochter?
Antwort: Ja, sie ist die Tochter.

Frage: Wo ist das Baby?
Antwort: Es ist hier.

Frage: Hallo, wer seid ihr?
Antwort: Hallo, wir sind Familie Meier.

Frage: Wie alt bist du?
Antwort: Ich bin 12 Jahre alt.

Frage: Wie alt ist Benno?
Antwort: Er ist 10 Jahre alt.

~~du~~ ~~ihr~~ ~~sie~~ ~~er~~ ~~ich~~ ~~ihr~~ ~~ich~~ ~~Er~~ ~~wir~~ ~~ich~~ ~~Es~~ ~~ich~~ ~~Ich~~ ~~wir~~

! Das **Possessivpronomen** (besitzanzeigendes Fürwort) zeigt, wem oder zu wem etwas gehört.
Beispiel: **mein** Vater, **meine** Mutter, **mein** Kind, **meine** Geschwister

Sie stehen	im **Singular** (Einzahl) und	im **Plural** (Mehrzahl)
1. Person:	**mein**	**unser**
2. Person:	**dein**	**euer**
3. Person:	**sein, ihr, sein**	**ihr**

3 **Schreibe die Wörter hinter die Possessivpronomen.**

die Familie	Das ist meine	Familie.
der Onkel	Das ist mein	Onkel.
die Geschwister	Das sind meine	Geschwister.
die Oma	Das ist meine	Oma.
der Cousin	Das ist mein	Cousin.

4 **Sprich und schreibe Sätze.**

Ich	lese	mein	Buch.
Du	liest	dein	Buch.
Er	liest	sein	Buch.
Sie	liest	ihr	Buch.
Es	liest	sein	Buch.
Wir	lesen	unser	Buch.
Ihr	lest	euer	Buch.
Sie	lesen	ihr	Buch.

5 **Sprecht miteinander. Schreibe die passenden Pronomen.**

Ich stelle mich und meine Familie vor.

Frage: Wie heißt du?
Antwort: Ich heiße Markus.

Frage: Wie heißt dein Freund?
Antwort: Mein Freund heißt Buruk.

Frage: Wo wohnt er?
Antwort: Er wohnt im Nachbarhaus.

Frage: Wie heißt deine Freundin?
Antwort: Meine Freundin heißt Laura.

Frage: Wo wohnt sie?
Antwort: Sie wohnt in der Stadt.

Frage: Wie heißt euer Vater?
Antwort: Unser Vater heißt (individuelle Lösung).

Frage: Wie heißt eure Mutter?
Antwort: Unsere Mutter heißt (individuelle Lösung).

~~meine~~ ~~er~~ ~~dein~~ ~~euer~~ ~~du~~ ~~Unser~~ ~~sie~~ ~~deine~~ ~~Mein~~ ~~Er~~ ~~eure~~ ~~Unsere~~ ~~Sie~~ ~~Meine~~ ~~Ich~~

1 **Finde die Verben (Tunwörter) in den Sprechblasen und schreibe sie auf die Linien.**

ruft an	bellt
liest	spielen
frisst	scheint
arbeitet	schwimmt

! **Verben** (Tunwörter) sagen, was jemand tut oder was geschieht. Sie haben einen **Infinitiv** (Grundform) mit einem **Wortstamm** und einer **Endung**. Sie haben verschiedene **Personalformen**.
Beispiel: bellen, er bellt **bell** | **en** (Wortstamm, Endung)

! **Verben** (Tunwörter) haben einen **Wortstamm** und eine **Endung**. Das Verb im Infinitiv (in der Grundform) hat die Endung **-en** oder **-n**.
Beispiel: **malen, klettern**

2 **Finde auf den angegebenen Seiten die Verben und schreibe sie in die Tabelle.**

Seite	Wortstamm	Endung	Infinitiv
95	bell	en	bellen
219	schwimm	en	schwimmen
227	spring	en	springen
124	feier	n	feiern
146	hol	en	holen
168	les	en	lesen
84	arbeit	en	arbeiten
226	spiel	en	spielen
157	kletter	n	klettern
171	mal	en	malen
123	fang	en	fangen
168	lieg	en	liegen
142	handel	n	handeln
166	leb	en	leben
128	frag	en	fragen
168	lern	en	lernen
220	schwindel	n	schwindeln
82	anruf	en	anrufen
264	woll	en	wollen

Verben (Tunwörter) haben verschiedene **Personalformen**.
Bei vielen Personalformen bleibt der Wortstamm bestehen, aber die Endung ändert sich.
Beispiel: **malen** (Infinitiv)

	Singular (Einzahl)	**Plural** (Mehrzahl)
1. Person:	ich mal**e**	wir mal**en**
2. Person:	du mal**st**	ihr mal**t**
3. Person:	er, sie, es mal**t**	sie mal**en**

3 **Sprecht miteinander.**
Schreibe Fragen und Antworten mit dem Verb „malen".

Frage: Malst du ein Bild?
Antwort: Ja, ich male ein Bild.

Frage: Malt er ein Tier?
Antwort: Ja, er malt ein Tier.

Frage: Hallo, malen wir zusammen?
Antwort: Ja, wir malen zusammen.

Frage: Malt ihr das Haus?
Antwort: Nein, wir malen das Haus nicht.

Frage: Malen die Kinder ein Bild?
Antwort: Ja, sie malen ein Bild.

Die Veränderung von Verben (Tunwörtern) in der Personalform heißt **Konjugation** (Beugung).
Beispiel: gehen (Grundform), ich gehe, du gehst, sie geht, wir gehen

4 **Sprich und schreibe Sätze mit den Personalformen des Verbs „gehen".**

Ich gehe in die Schule.
Du gehst in die Schule.
Der Lehrer geht in die Schule.
Er geht in die Schule.
Die Lehrerin geht in die Schule.
Sie geht in die Schule.
Das Kind geht in die Schule.
Es geht in die Schule.
Wir gehen in die Schule.
Ihr geht in die Schule.
Die Kinder gehen in die Schule.
Sie gehen in die Schule.

5 **Sprich und schreibe Fragen und Antworten mit den Personalformen des Verbs „brauchen".**

Frage: Was braucht der Lehrer in der Schule?
Antwort: Der Lehrer braucht in der Schule die Tafel.
Frage: Was brauchst du in der Schule?
Antwort: Ich brauche in der Schule das Buch.
Frage: Was braucht das Kind in der Schule?
Antwort: Das Kind braucht in der Schule das Heft.
Frage: Was brauchen die Schülerinnen und Schüler in der Schule?
Antwort: Die Schülerinnen und Schüler brauchen in der Schule die Pause.

6 **Finde auf Seite 52 sechs Verben und schreibe sie im Infinitiv und in der 3. Person Singular (Einzahl).**

Infinitiv	**Personalform**
hören	er hört sie hört es hört
(Beispiellösung) hüpfen	er hüpft sie hüpft es hüpft
(Beispiellösung) klatschen	er klatscht sie klatscht es klatscht
(Beispiellösung) laufen	er läuft sie läuft es läuft
(Beispiellösung) liegen	er liegt sie liegt es liegt
(Beispiellösung) rennen	er rennt sie rennt es rennt

7 **Sprich und schreibe die Verben in der 3. Person Plural (Mehrzahl). Ergänze die Sätze.**

Viele Hunde lieben den Spaziergang im Wald. Sie machen Löcher in die Erde.
Manche Hunde jagen Kaninchen. Sie suchen nach Futter.
Die Hunde rennen gern durch den Wald. Sie holen Stöcke.
Dann bringen sie die Stöcke zu mir.

8 **Sprich und schreibe die Sätze mit den Verben in der 3. Person Singular (Einzahl).**

Mein Hund liebt den Spaziergang im Wald.
Er macht Löcher in die Erde.
Er jagt Kaninchen.
Er sucht nach Futter.
Er rennt gern durch den Wald.
Er holt Stöcke.
Dann bringt er die Stöcke zu mir.

3 Unregelmäßige Verben

Bei manchen Verben (Tunwörtern) ändert sich der Wortstamm in den Personalformen.
Diese Verben heißen **unregelmäßige Verben**.
Beispiel: **fahren**, er **fährt**
Die unregelmäßigen Verben stehen im Wörterbuch ab der Seite **298**.

9 Schreibe die Personalpronomen zu dem Verb „essen".

~~Du~~ ~~Wir~~ ~~Es~~ ~~Ich~~ ~~Sie~~ ~~Sie~~ ~~Ihr~~ ~~Er~~

Ich esse.	Das Kind isst.
Du isst.	Es isst.
Der Vater isst.	Wir essen.
Er isst.	Ihr esst.
Die Mutter isst.	Die Kinder essen.
Sie isst.	Sie essen.

10 Sprecht miteinander. Schreibe Fragen und Antworten mit dem Verb „essen".

Frage: Was isst du gern?
Antwort: Ich esse gern den Kuchen.
Frage: Was isst Fatima gern?
Antwort: Sie isst gern das Brot.
Frage: Was isst Adam gern?
Antwort: Er isst gern das Obst.
Frage: Was esst ihr gern?
Antwort: Wir essen gern (individuelle Lösung).
Frage: Was essen deine Eltern gern?
Antwort: Sie essen gern (individuelle Lösung).

Modalverben 3

11 Wo findest du diese Verben im Wörterbuch? Schreibe die Seitenzahlen dazu. Schreibe die Personalformen im Singular in die Tabelle.

~~dürfen~~ ~~können~~ ~~sollen~~ ~~müssen~~ ~~wollen~~ ~~mögen~~

	Infinitiv	Personalform	Seite
	dürfen	ich darf du darfst er darf	112
	können	ich kann du kannst er kann	160
	wollen	ich will du willst er will	264
	sollen	ich soll du sollst er soll	224
	mögen	ich mag du magst er mag	177
	müssen	ich muss du musst er muss	179

3 Modalverben

Die **Verben** (Tunwörter) **können**, **müssen**, **dürfen**, **sollen**, **wollen**, **mögen** oder **möchten** können nicht allein stehen.
Sie brauchen noch ein anderes Verb.
Das andere Verb steht immer im Infinitiv (Grundform) und am Ende eines Satzes.
Beispiel: Ich **möchte** das Brot **kaufen**. Sie **mag** das Brot **essen**.

12 Sprich und schreibe Fragen und Antworten.

Frage: Was möchtest du kaufen?
Antwort: Ich möchte das Brot kaufen.
Frage: Was magst du essen?
Antwort: Ich mag das Eis essen.
Frage: Was darf Maria essen?
Antwort: Sie darf das Bonbon essen.
Frage: Was mag Tim kaufen?
Antwort: Er mag das Auto kaufen.
Frage: Was will Markus kaufen?
Antwort: Er will das Fahrrad kaufen.
Frage: Was soll Lea lernen?
Antwort: Sie soll Deutsch lernen.
Frage: Was muss Eva machen?
Antwort: Sie muss Hausaufgaben machen.
Frage: Was kann Lorenz spielen?
Antwort: Er kann Gitarre spielen.
Frage: Was mag Laura essen?
Antwort: Sie mag (individuelle Lösung) essen.
Frage: Was mögen Pablo und Lukas essen?
Antwort: Sie mögen (individuelle Lösung) essen.

Hilfsverben 3

Die Verben (Tunwörter) **sein**, **haben** und **werden** heißen **Hilfsverben**.
Sie sind sehr wichtig.
Beispiel: Ich bin 10 Jahre alt. Ich habe bald Geburtstag.
Ich werde 11 Jahre alt.

13 Wo findest du die Verben „sein", „haben", „werden" im Wörterbuch? Schreibe die Seitenzahlen dazu. Schreibe alle Personalformen auf.

Infinitiv	Personalform	Seite
sein	ich bin du bist er, sie, es ist wir sind ihr seid sie sind	221
haben	ich habe du hast er, sie, es hat wir haben ihr habt sie haben	141
werden	ich werde du wirst er, sie, es wird wir werden ihr werdet sie werden	261

4 Negation – Verneinung

1 Finde die Wörter für die Verneinung eines Nomens (Namenwortes) in den Sprechblasen. Schreibe so:

der Hase, kein Hase — die Milch, keine Milch
das Pferd, kein Pferd — das Tier, kein Tier
der Hahn, kein Hahn — die Katzen, keine Katzen

! Das Wort **nein** bedeutet eine **Verneinung**.
Die Wörter **kein** und **keine** verneinen das Nomen (Namenwort).

Beispiel:			
	der Hund	die Katze	das Pferd
	ein Hund	eine Katze	ein Pferd
	kein Hund	keine Katze	kein Pferd

Negation – Verneinung 4

! Das Wort **nicht** verneint das Verb (Tunwort).
Beispiel: Der Vogel fliegt **nicht**.

2 Sprich und schreibe Sätze. Ergänze das Wort „nicht" zu dem Verb „ist".

Der Hase ist nicht weiß. Er ist braun.
Das Schwein ist nicht schwarz. Es ist rosa.
Die Katze ist nicht braun. Sie ist grau.
Der Hund ist nicht weiß. Er ist braun.

3 Sprich und schreibe Fragen und Antworten. Ergänze der Reihe nach die Namen, die Verben und die Verneinung „nicht".

Namen: ~~Fatima~~, ~~Pablo~~, ~~Lisa~~, ~~Adam~~, ~~Anna~~
Verben: ~~malt~~, ~~liest~~, ~~putzt~~, ~~spült~~, ~~spart~~, ~~kauft~~, ~~badet~~, ~~schwimmt~~, ~~wäscht~~, ~~kocht~~

Frage: Was macht Fatima nicht gern?
Antwort: Fatima malt nicht gern. Sie liest gern.
Frage: Was macht Pablo nicht gern?
Antwort: Pablo putzt nicht gern. Er spült gern.
Frage: Was macht Lisa nicht gern?
Antwort: Lisa spart nicht gern.
Antwort: Lisa kauft gern.
Frage: Was macht Adam nicht gern?
Antwort: Adam badet nicht gern.
Antwort: Adam schwimmt gern.
Frage: Was macht Anna nicht gern?
Antwort: Anna wäscht nicht gern.
Antwort: Anna kocht gern.

5 Zeitformen – Präsens

1 Finde in den Sprechblasen die Verben in der 3. Person Singular. Schreibe auch den Infinitiv (die Grundform) dazu.

3. Person Singular	Infinitiv
räumt auf	aufräumen
putzt	putzen
spült	spülen
kehrt	kehren
kocht	kochen
hilft	helfen

! Wenn Verben (Tunwörter) im **Präsens** (Gegenwart) stehen, teilen sie mit, was **jetzt** geschieht oder was jemand **jetzt** denkt oder fühlt.
Beispiel: Es regnet.
Jacob denkt an seinen Hund.

Zeitformen – Präteritum 5

! Wenn Verben (Tunwörter) im **Präteritum** (1. Vergangenheit) stehen, teilen sie mit, was **früher** geschah oder was jemand **früher** dachte oder fühlte. Man verwendet diese Zeitform meistens, wenn man über etwas schreibt.
Beispiel: wohnen

	Singular (Einzahl)	**Plural** (Mehrzahl)
1. Person:	ich wohn**te**	wir wohn**ten**
2. Person:	du wohn**test**	ihr wohn**tet**
3. Person:	er, sie, es wohn**te**	sie wohn**ten**

Der **Wortstamm** bleibt bestehen, aber die Endung ändert sich bei den Personalformen im Präteritum (1. Vergangenheit).
Beispiel: **wohnte** — wohn | te (Wortstamm, Endung)

2 Sprich und schreibe Fragen und Antworten mit dem Verb „wohnen" im Präteritum.

Frage: Wohntest du früher in Spanien?
Antwort: Ja, ich wohnte früher in Spanien.
Frage: Wohnte sie in dem Haus?
Antwort: Nein, sie wohnte bei meiner Familie.
Frage: Wohnte er in dem Haus?
Antwort: Ja, er wohnte in dem Haus.
Frage: Wohnten wir bei ihrer Familie?
Antwort: Ja, wir wohnten zusammen.
Frage: Wohntet ihr in dem Dorf?
Antwort: Nein, ihr wohntet in der Stadt.
Frage: Wohnten die Kinder in der Stadt?
Antwort: Nein, sie wohnten in dem Dorf.

5 Zeitformen – Präteritum

! Bei manchen **Verben** ändert sich im **Präteritum** (1. Vergangenheit) auch der **Wortstamm**. Man nennt diese Verben **unregelmäßige Verben**.
Beispiel: fahren, er fuhr
Die unregelmäßigen Verben findest du im Wörterbuch ab der Seite **298**.

3 Schreibe die Personalpronomen zu dem Verb „sein“ im Präteritum.

Ich, Er, Du, Sie, Wir, Es, Sie, Ihr

Ich war gestern zu Hause.
Du warst gestern im Garten.
Der Vater war gestern in der Stadt.
Er war gestern in der Stadt.
Die Mutter war gestern in der Stadt.
Sie war gestern in der Stadt.
Das Kind war gestern in der Schule.
Es war gestern in der Schule.
Du und ich waren gestern im Garten.
Wir waren gestern im Garten.
Du und dein Freund wart gestern auf dem Bauernhof.
Ihr wart gestern auf dem Bauernhof.
Die Mädchen waren gestern im Zoo.
Sie waren gestern im Zoo.

4 Sprich und schreibe Fragen und Antworten mit dem Verb „sein“. Du findest es im Wörterbuch auf Seite 221.

Frage: Wo war Said gestern?
Antwort: Er war gestern in der Schule.
Frage: Wo war Eva gestern?
Antwort: Sie war gestern nicht in der Schule.
Frage: Wo warst du gestern?
Antwort: Ich war gestern in der Schule.

Zeitformen – Perfekt 5

! **Verben** (Tunwörter) im **Perfekt** (2. Vergangenheit) teilen mit, was jemand gerade getan hat oder was gerade geschehen ist.
Man verwendet diese Zeitform meistens, wenn man etwas erzählt.
Das **Perfekt** (2. Vergangenheit) besteht aus 2 Verben.
Beispiel: Es hat geregnet. Ich bin gelaufen.

5 Finde das Hilfsverb „sein“ auf der Seite 221.
Schreibe die Verben „laufen“ und „gehen“ mit dem Hilfsverb „sein“ im Perfekt.

laufen			gehen		
ich	bin	gelaufen	ich	bin	gegangen
du	bist	gelaufen	du	bist	gegangen
er	ist	gelaufen	er	ist	gegangen
sie	ist	gelaufen	sie	ist	gegangen
es	ist	gelaufen	es	ist	gegangen
wir	sind	gelaufen	wir	sind	gegangen
ihr	seid	gelaufen	ihr	seid	gegangen
sie	sind	gelaufen	sie	sind	gegangen

6 Sprich und schreibe Fragen und Antworten.

Frage: Ist Karim heute zur Schule gelaufen?
Antwort: Ja, er ist heute gelaufen.
Frage: Ist Fatima heute gelaufen?
Antwort: Nein, sie ist heute nicht gelaufen.
Frage: Ist Tim heute gelaufen?
Antwort: Ja, er ist heute gelaufen.

5 Zeitformen – Perfekt

! Im **Perfekt** (2. Vergangenheit) werden nur die Hilfsverben **sein** und **haben** konjugiert.
Beispiel: Ich bin gegangen. Ich habe gegessen.

7 Schreibe die Verben „essen“ und „helfen“ mit dem Hilfsverb „haben“ im Perfekt.

essen			helfen		
ich	habe	gegessen	ich	habe	geholfen
du	hast	gegessen	du	hast	geholfen
er	hat	gegessen	er	hat	geholfen
sie	hat	gegessen	sie	hat	geholfen
es	hat	gegessen	es	hat	geholfen
wir	haben	gegessen	wir	haben	geholfen
ihr	habt	gegessen	ihr	habt	geholfen
sie	haben	gegessen	sie	haben	geholfen

8 Sprich und schreibe Fragen und Antworten.

Frage: Hast du die Schokolade gegessen?
Antwort: Ja, ich habe die Schokolade gegessen.
Frage: Hast du das Obst gegessen?
Antwort: Ja, ich habe das Obst gegessen.
Frage: Hat Maria dem Kind geholfen?
Antwort: Ja, sie hat dem Kind geholfen.

Zeitformen – Futur 5

! Wenn **Verben** (Tunwörter) im **Futur** (1. Zukunft) stehen, teilen sie mit, was später geschehen wird oder was jemand später tun wird.
Beispiel: Später werde ich als Lehrerin arbeiten.
Lorenz wird gewinnen.
Im **Futur** (1. Zukunft) wird das Hilfsverb **werden** konjugiert und das zweite Verb bleibt im Infinitiv (in der Grundform).

9 Schreibe die Verben „einkaufen“ und „spülen“ in der Zeitform Futur.

einkaufen			spülen		
ich	werde	einkaufen	ich	werde	spülen
du	wirst	einkaufen	du	wirst	spülen
er	wird	einkaufen	er	wird	spülen
sie	wird	einkaufen	sie	wird	spülen
es	wird	einkaufen	es	wird	spülen
wir	werden	einkaufen	wir	werden	spülen
ihr	werdet	einkaufen	ihr	werdet	spülen
sie	werden	einkaufen	sie	werden	spülen

10 Sprich und schreibe Fragen und Antworten.

Frage: Wann wird Ali einkaufen?
Antwort: Morgen wird Ali einkaufen.
Frage: Wann wird Anna spülen?
Antwort: Morgen wird Anna spülen.
Frage: Wann werden wir einkaufen?
Antwort: Morgen werden wir einkaufen.

1 Finde die Adjektive (Eigenschaftswörter) in den Sprechblasen und schreibe sie auf die Linien.

blau	neue
schön	groß
helle	gelbe
gestreift	warm
hässlich	teuer

Adjektive (Eigenschaftswörter) beschreiben, wie jemand ist oder wie etwas ist.
Beispiel: neu, klein, warm

2 Wo findest du die Adjektive von Aufgabe 1 im Wörterbuch? Schreibe die Seitenzahlen dazu.

	Adjektiv	Seite
	neu	182
	schön	216
	blau	100
5 € 200 €	teuer	237
	gelb	133
	gestreift	136
	groß	139
	warm	259

3 Sprecht miteinander. Schreibe Fragen und Antworten.

Frage: Wie ist das Wetter?
Antwort: Das Wetter ist schön.

Frage: Wie ist das T-Shirt?
Antwort: Das T-Shirt ist gelb.

Frage: Wie ist das Kleid?
Antwort: Das Kleid ist gestreift.

Frage: Wie ist die Hose?
Antwort: Die Hose ist klein.

Frage: Wie ist der Pullover?
Antwort: Der Pullover ist groß.

4 Sprich und schreibe Sätze mit diesen Adjektiven.

~~langsam~~ ~~schnell~~ ~~laut~~ ~~leise~~ ~~leer~~ ~~voll~~ ~~groß~~ ~~klein~~

Der Jaguar ist schnell. Er ist nicht langsam.
Der Zug ist voll. Er ist nicht leer.
Die Straßenbahn ist laut.
Sie ist nicht leise.
Der Lastkraftwagen ist groß.
Er ist nicht klein.

5 Sprich und schreibe Sätze mit Adjektiven wie in Aufgabe 4.

~~trocken~~ ~~nass~~ ~~neu~~ ~~alt~~ ~~weich~~ ~~hart~~ ~~groß~~ ~~klein~~ ~~lang~~ ~~kurz~~

Das Handtuch ist trocken.
Das Handtuch ist nicht nass.
Die Hose ist neu.
Die Hose ist nicht alt.
Der Pullover ist weich.
Der Pullover ist nicht hart.
Die Schuhe sind groß.
Die Schuhe sind nicht klein.
Der Weg ist lang.
Der Weg ist nicht kurz.

Adjektive (Eigenschaftswörter) können zwischen einem Artikel (Begleiter) und einem Nomen (Namenwort) stehen.
Sie verändern dann ihre Endung.
Beispiel: die **neue** Jacke

6 Schreibe die Adjektive vor das Nomen. Ergänze die Endung.

Der Kaffee ist bitter.
Der bittere Kaffee schmeckt nicht.

Die Banane ist süß.
Die süße Banane ist gut.

Die Zitrone ist sauer.
Die saure Zitrone ist saftig.

Die Birne ist weich.
Die weiche Birne ist schlecht.

7 Sprecht miteinander. Schreibe Fragen und Antworten.

Frage: Welche Jacke möchtest du anziehen?
Antwort: Ich möchte die neue Jacke anziehen.

Frage: Welche Jacke möchte Mehmet anziehen?
Antwort: Er möchte die rote Jacke anziehen.

Frage: Welche Jacke möchte Lea anziehen?
Antwort: Sie möchte die blaue Jacke anziehen.

6 Adjektive im Satz

8 **Sprich und schreibe Sätze mit Adjektiven in der richtigen Form.**

Die Hundeleine ist **lang**.

Die **lange** Hundeleine gehört Laura.

Das Hemd ist weiß.

Das weiße Hemd gehört Markus.

(individuelle Lösungen)

Adjektive – Steigerung 6

! **Adjektive** (Eigenschaftswörter) lassen sich steigern.
Beispiel: Das Kleid ist neu, die Hose ist neu**er**.
Bei der **Steigerung** bleibt der Wortstamm bestehen, die Endung ändert sich.

9 **Schreibe die Steigerungsform zu den Adjektiven.**

Adjektiv	1. Steigerungsform
schnell	schneller
klein	kleiner
schön	schöner
laut	lauter
voll	voller
langsam	langsamer

10 **Sprich und schreibe Sätze mit den Adjektiven aus Aufgabe 9.**

Das Auto ist schnell**er** als das Fahrrad.

Die Straßenbahn ist voller als der Bus.

Die Maus ist kleiner als der Elefant.

Dein Glas ist voller als mein Glas.

Das Kleid ist schöner als der Rock.

Das Kind ist kleiner als die Mutter.

Der Bus ist langsamer als das Auto.

Das Kind ist kleiner als der Vater.

Der Affe ist lauter als der Fisch.

6 Adjektive – unregelmäßige Steigerung

! Bei manchen Adjektiven (Eigenschaftswörtern) **ändert sich der Wortstamm in der Steigerungsform**.
Beispiel: **alt, älter**, am **ältesten**
Diese Adjektive heißen **unregelmäßige Adjektive**.

11 **Schreibe die Adjektive zu den Bildern. Schreibe die Steigerungsformen daneben.**

~~alt~~ ~~gesund~~ ~~kurz~~ ~~kalt~~ ~~jung~~ ~~groß~~ ~~gut~~ ~~lang~~ ~~hoch~~ ~~arm~~

	Adjektiv	1. Steigerungsform	2. Steigerungsform
	alt	älter	am ältesten
	groß	größer	am größten
	lang	länger	am längsten
	jung	jünger	am jüngsten
	gesund	gesünder	am gesündesten
	kalt	kälter	am kältesten
	gut	besser	am besten
	kurz	kürzer	am kürzesten
	arm	ärmer	am ärmsten
	hoch	höher	am höchsten

Adjektive 6

! **Adjektive** (Eigenschaftswörter) haben **zwei Steigerungsformen**.
Beispiel: klug
klüger (1. Steigerungsform)
am klügsten (2. Steigerungsform)

12 **Sprich und schreibe Fragen und Antworten mit den Steigerungsformen aus Aufgabe 11.**

Frage: Sind deine Zähne gesünder als meine Zähne?
Antwort: Ja, meine Zähne sind am gesündesten.

Frage: Ist deine Schultasche besser als meine Schultasche?
Antwort: Ja, meine Schultasche ist am besten.

Frage: Ist deine Schule größer als meine Schule?
Antwort: Ja, meine Schule ist am größten.

Frage: Ist deine Katze jünger als meine Katze?
Antwort: Ja, meine Katze ist am jüngsten.

Frage: Ist euer Kamin höher als unser Kamin?
Antwort: Ja, unser Kamin ist am höchsten.

Frage: Ist dein Bruder älter als mein Bruder?
Antwort: Ja, mein Bruder ist am ältesten.

Frage: Ist deine Hose länger als meine Hose?
Antwort: Ja, meine Hose ist am längsten.

1 **Finde die Präpositionen (Verhältniswörter) in den Sprechblasen und schreibe sie auf die Linien.**

hinter   auf
neben   zwischen
unter   in

> ! Diese Wörter sind **Präpositionen** (Verhältniswörter):
> an, auf, bei, bis, hinter, in, mit, nach, neben, seit, über, unter, von, vor, wegen, zu, zwischen.
> Beispiel: Das Buch ist **auf** dem Tisch.

> ! **Präpositionen** (Verhältniswörter) antworten auf Fragen.
> Sie sagen, wo etwas ist oder wo etwas geschieht.
> Beispiel: **Wo** ist das Buch? Das Buch ist **auf** dem Tisch.

2 **Sprich und schreibe Fragen und Antworten mit den Präpositionen „neben" und „hinter".**

Frage: Wo ist ___ das Buch?
Antwort: ___ Das Buch ist ___ neben dem Heft.

Frage: Wo ist ___ der Lehrer?
Antwort: ___ Der Lehrer ist ___ neben Anna.

Frage: Wo ist Anna?
Antwort: Anna ist ___ neben dem Lehrer.

Frage: Wo ist ___ der Hausmeister?
Antwort: ___ Der Hausmeister ist ___ hinter dem Fenster.

Frage: Wo ist ___ die Tafel?
Antwort: ___ Die Tafel ist ___ hinter ___ dem Lehrer.

3 **Sprecht miteinander. Schreibe die Fragen und Antworten.**

Frage: Wo wohnst du?
Antwort: Ich wohne ___ in Deutschland.

Frage: Wo wohnt Pablo?
Antwort: Er wohnt ___ in Spanien.

Frage: Wo wohnt Lisa?
Antwort: Sie wohnt ___ in ___ Schweden.

> ! **Präpositionen** (Verhältniswörter) sind manchmal **mit dem nachfolgenden Artikel** (Begleiter) **verbunden**:
> in dem → im, zu dem → zum, an dem → am.
> Beispiel: Tim steht **an dem** Waschbecken.
> Tim steht **am** Waschbecken.

4 **Sprich und schreibe Fragen und Antworten.**

Frage: Wo ___ steht Hassan?
Antwort: Er ___ steht an dem ___ Waschbecken.

Frage: Wo ___ steht Hassan?
Antwort: Er ___ steht am ___ Waschbecken.

Frage: Wo ___ steht Papa?
Antwort: Er ___ steht am ___ Herd.

Frage: Wo ___ steht Mama?
Antwort: Sie ___ steht am ___ Herd.

Frage: Wo ___ lebt ___ der Elefant?
Antwort: Er ___ lebt im ___ Zoo.

Frage: Wo ___ lebt ___ das Meerschweinchen?
Antwort: Es ___ lebt im ___ Zoo.

Frage: Wo ___ lebt ___ das Reh?
Antwort: Es ___ lebt im ___ Wald.

Frage: Wo ___ lebt ___ die Ameise?
Antwort: Sie ___ lebt im ___ Wald.

5 **Sprich und schreibe Sätze mit Präpositionen.**

~~auf~~ ~~zur~~ ~~zwischen~~ ~~bis~~ ~~von~~ ~~vor~~ ~~zum~~ ~~unter~~ ~~seit~~ ~~neben~~ ~~bei~~ ~~in~~ ~~bis~~ ~~vor~~ ~~zu~~

Das Zimmer ist im Haus.
Die Garage ist ___ zwischen zwei Häusern.
Der Garten ist ___ vor dem Haus.
Der Teppich ist ___ unter dem Tisch.
Der Herd ist ___ in der Küche.
Der Teller ist ___ auf dem Tisch.
Die Mülltonne ist ___ vor dem Haus.
Der Herd ist ___ neben dem Kühlschrank.
Heute gehe ich zu meinen Großeltern.
Der Bus fährt bis zur letzten Bushaltestelle.
Ich gehe von der Bushaltestelle bis zum Haus meiner Großeltern.
Ich war seit drei Wochen nicht bei meinen Großeltern.

8 Sätze

1 Schreibe die Sätze aus den Sprechblasen auf die Linien.

Wir brauchen Tabletten.
Brauchst du Tabletten?
Wie geht es dir?
Mein Bauch tut weh.
Danke! Es geht mir gut.
Ich habe Schmerzen. Es geht mir nicht gut.

> ! Es gibt verschiedene Satzarten.
> Das erste Wort in einem **Satz** beginnt mit einem Großbuchstaben.
> Beispiel: Danke! Es geht mir gut.

Sätze – Satzschlusszeichen 8

> ! Mit einem **Aussagesatz** teilen wir etwas mit.
> Am Ende des Satzes steht ein **Punkt** [.].
> Beispiel: Ich gehe zum Arzt.

2 Finde in Aufgabe 1 die Aussagesätze und schreibe sie auf die Linien. Achte auf den Punkt.

Wir brauchen Tabletten.
Mein Bauch tut weh.
Es geht mir gut.
Ich habe Schmerzen.
Es geht mir nicht gut.

3 Finde die Aussagesätze auf Seite 50 im Wörterbuch und schreibe sie auf.

Das ist mein Fuß.
Mit den Füßen kann ich laufen.
Meine Nase ist im Gesicht.
Nein, ich habe zwei Ohren.

4 Finde die Aussagesätze auf den Seiten 18 und 23 im Wörterbuch und schreibe sie auf.

Ich male einen Kreis.
Ich bin sieben Jahre alt.
Ja, ich zähle bis hundert.
Das ist Anna. Sie ist meine Freundin.
Ich heiße Pablo.
Ich komme aus Afrika.

8 Sätze – Satzschlusszeichen

> ! Wir wollen etwas wissen und stellen eine **Frage**.
> Am Ende des Satzes steht ein **Fragezeichen** [?].
> Beispiel: Wie geht es dir?

5 Wo steht ein Punkt [.]? Wo steht ein Fragezeichen [?]?

Das Haus ist groß [.] Ist das Haus groß [?]
Das ist ein Haus [.] Ist das ein Haus [?]
Das ist kein Stall [.]
Ist das kein Stall [?]
Sie ist die Lehrerin [.]
Ist sie die Lehrerin [?]
Er ist nicht der Lehrer [.]
Ist er nicht der Lehrer [?]

6 Sprich und schreibe Fragen und Antworten mit den Verben. Setze Punkte [.] und Fragezeichen [?].

Was macht die Katze [?]
Die Katze springt nicht [.]
Sie liegt [.]

Was macht der Hund [?]
Der Hund rennt nicht [.]
Er sitzt [.]

Was macht der Löwe [?]
Der Löwe brüllt nicht [.]
Er schläft [.]

~~springt~~ ~~macht~~ ~~rennt~~ ~~schläft~~ ~~sitzt~~ ~~macht~~ ~~liegt~~ ~~macht~~ ~~brüllt~~

Sätze – Fragesätze mit „wo?" 8

> ! Wir wollen etwas wissen und fragen mit einem **Fragewort**.
> Nach dem **Ort** fragen wir mit den Fragewörtern **wo, wohin, woher**.
> Beispiel: **wo?** Wo wohnst du?
> **wohin?** Wohin gehst du?
> **woher?** Woher kommt Buruk?

7 Sprich und schreibe Fragen mit Fragezeichen [?] und Antworten mit Punkt [.].

Wo kaufen wir ein [?]
Wir kaufen im Supermarkt ein [.]

Wo kaufen wir den Käse ein [?]
Wir kaufen den Käse im Supermarkt ein [.]

Wo kaufen wir die Schokolade ein [?]
Wir kaufen die Schokolade im Supermarkt ein [.]

Wo kaufen wir das Brot ein [?]
Wir kaufen das Brot in der Bäckerei ein [.]

Wo kaufen wir die Brötchen ein [?]
Wir kaufen die Brötchen in der Bäckerei ein [.]

Wo kaufen wir die Blumen ein [?]
Wir kaufen die Blumen im Blumenladen ein [.]

Wo kaufen wir die Pflanzen ein [?]
Wir kaufen die Pflanzen im Blumenladen ein [.]

8 Sätze – Fragesätze mit „wohin?" und „woher?"

8 **Sprich und schreibe Fragen mit Fragezeichen [?] und Antworten mit Punkt [.].**

Wohin fährt Laura [?]
Laura fährt nach Deutschland [.]

Wohin fährt Ali [?]
Ali fährt nach Berlin [.]

Wohin fährt Elif [?]
Elif fährt nach Düsseldorf [.]

Wohin fährt Lorenz [?]
Lorenz fährt nach München [.]

Woher kommst du [?]
Ich komme aus Amerika [.]

Woher kommt Pablo [?]
Pablo kommt aus Spanien [.]

Woher kommt Karim [?]
Karim kommt aus Syrien [.]

9 **Sprecht miteinander. Spielt ein Frage- und Antwortspiel mit den Sätzen aus den Aufgaben 7 und 8.**

Sätze – Fragesätze mit „wann?" 8

Nach der **Zeit** fragen wir mit dem **Fragewort „wann?"**.
Beispiel: Wann fährt der Zug?

10 **Sprich und schreibe Fragen mit Fragezeichen [?] und Antworten mit Punkt [.].**

Wann fährt der Zug [?]
Der Zug fährt in einer Stunde [.]

Wann fährt der Bus [?]
Der Bus fährt morgen [.]

Wann fliegt das Flugzeug [?]
Das Flugzeug fliegt am Samstag [.]

Wann kommen deine Eltern [?]
Meine Eltern kommen am Donnerstag [.]

Wann ist dein Geburtstag [?]
Mein Geburtstag ist im Januar [.]

Wann ist dein Geburtstag [?]
Mein Geburtstag ist im (individuelle Lösung) [.]

Wann wird Ali das Haus kehren [?]
Morgen wird Ali das Haus kehren [.]

Wann wird Marie die Küche putzen [?]
Morgen wird Marie die Küche putzen [.]

Wann wird Adam kochen [?]
Morgen wird Adam kochen [.]

8 Sätze – Fragesätze mit „wie?"

Nach der **Art und Weise** fragen wir mit dem **Fragewort „wie?"**.
Beispiel: Wie geht es dir?

11 **Sprich und schreibe Fragen mit Fragezeichen [?] und Antworten mit Punkt [.].**

Frage: Wie gefällt dir das Kleid [?]
Antwort: Das Kleid gefällt mir gut [.]

Frage: Wie gefällt dir das Haus [?]
Antwort: Das Haus gefällt mir gut [.]

Frage: Wie gefällt dir die Stadt [?]
Antwort: Die Stadt gefällt mir gut [.]

Frage: Wie gefällt dir das Auto [?]
Antwort: Das Auto gefällt mir gut [.]

12 **Sprich und schreibe Fragen mit Fragezeichen [?] und Antworten mit Punkt [.].**

Frage: Wie geht es Ali [?]
Antwort: Ali geht es nicht gut [.]

Frage: Wie geht es Markus [?]
Antwort: Markus geht es nicht gut [.]

Frage: Wie bist du nach Deutschland gekommen [?]
Antwort: Ich bin mit dem Zug nach Deutschland gekommen [.]

Frage: Wie ist Lorenz nach Berlin gekommen [?]
Antwort: Lorenz ist mit dem Zug nach Berlin gekommen [.]

Frage: Wie ist Eva nach Köln gekommen [?]
Antwort: Eva ist mit dem Zug nach Köln gekommen [.]

Sätze 8

In einem **Aufforderungssatz** fordern wir jemanden auf etwas zu tun.
Am Ende des Satzes steht ein **Ausrufezeichen [!]**.
Beispiel: Geht in die Sporthalle!
Auch nach **Ausrufen** steht ein **Ausrufezeichen [!]**.
Beispiel: Danke!

13 **Sprich und schreibe Aussagesätze mit Punkt [.] und Aufforderungssätze mit Ausrufezeichen [!].**

Da ist das Buch [.]
Gib mir bitte das Buch [!]
Hier bitte [!]
Danke [!]

Das ist das Lineal [.]
Gib mir bitte das Lineal [!]
Hier bitte [!]
Danke [!]

Das ist der Bleistift [.]
Gib mir bitte den Bleistift [!]
Hier bitte [!]
Danke [!]

14 **Sprecht miteinander. Spielt ein Frage- und Antwortspiel mit den Sätzen aus den Aufgaben 12 und 13.**

8 Sätze

15 **Sprich und schreibe Sätze mit den Wörtern und Satzzeichen.**

helfen · Haus · im · kann · Wer · ?

Wer kann im Haus helfen?

aufräumen · Mutter · Die · kann · .

Die Mutter kann aufräumen.

kann · bügeln · Vater · Der · .

Der Vater kann bügeln.

abstauben · den · Sohn · Der · Schrank · kann · .

Der Sohn kann den Schrank abstauben.

kann · Die · Tochter · kehren · .

Die Tochter kann kehren.

mir · den · bitte · Besen · Gib · !

Gib mir bitte den Besen!

INDIGO • Arbeitsheft Grammatik – Übersicht Wortarten

Nomen (Namenwörter)

Nomen (Namenwörter) werden großgeschrieben:

die **E**nte, das **A**uto

Nomen (Namenwörter) sind Namen von

Menschen: das **K**ind, die **O**ma, der **V**ater

Tieren: die **Z**iege, das **P**ferd, der **H**und

Pflanzen: der **B**aum, die **T**anne, das **G**ras

Gegenständen: der **H**ut, das **H**aus, die **T**asche

und Gefühlen und Dingen, die man nicht sehen kann: das **G**lück, der **M**ut, die **Z**eit

Nomen (Namenwörter) gibt es im **Singular (Einzahl)** und im **Plural (Mehrzahl)**:

die Ente, die Enten

Artikel (Begleiter)

Vor **Nomen (Namenwörtern)** stehen oft **Artikel (Begleiter)**.

Es gibt **bestimmte Artikel** und **unbestimmte Artikel**:

der Vater, **die** Mutter, **das** Kind
ein Mann, **eine** Frau, **ein** Kind

Verben (Tunwörter)

Verben (Tunwörter) sagen, was jemand tut oder was geschieht: malen, regnen

Sie haben eine Grundform mit einem Wortstamm und einer Endung:

mal | **en**
Wortstamm | Endung

Sie haben verschiedene Personalformen:

ich	male
du	malst
er, sie, es	malt
wir	malen
ihr	malt
sie	malen

Verben (Tunwörter) geben an, in welcher Zeit etwas geschieht. Es gibt verschiedene Zeitformen von **Verben (Tunwörtern)**:

Präsens (Gegenwart):	Ich male.
Präteritum (1. Vergangenheit):	Ich malte.
Perfekt (2. Vergangenheit):	Ich habe gemalt.
Futur (Zukunft):	Ich werde malen.

Manche **Verben (Tunwörter)** verändern ihren Wortstamm in den verschiedenen Zeitformen, man nennt sie **unregelmäßige Verben (Tunwörter)**:

Präsens (Gegenwart):	Ich lese.
Präteritum (1. Vergangenheit):	Ich las.
Perfekt (2. Vergangenheit):	Ich habe gelesen.
Futur (Zukunft):	Ich werde lesen.

Wenn man etwas erzählen möchte, benutzt man das Perfekt (2. Vergangenheit):

Wenn man über etwas schreiben möchte, benutzt man das Präteritum (1. Vergangenheit):

Adjektive (Eigenschaftswörter)

Adjektive (Eigenschaftswörter) beschreiben, wie jemand oder etwas ist: müde, rot

Sie lassen sich steigern:
klein, kleiner, am kleinsten

Sie können zum Vergleichen verwendet werden:
kleiner als …

Manche **Adjektive (Eigenschaftswörter)** verändern sich besonders stark, wenn sie gesteigert werden. Man nennt sie **unregelmäßige Adjektive (Eigenschaftswörter)**: gut, besser, am besten

Präpositionen (Verhältniswörter)

Diese Wörter sind **Präpositionen (Verhältniswörter)**:
an, auf, bei, bis, hinter, in, mit, nach, neben, seit, über, unter, von, vor, wegen, zu, zwischen

Präpositionen antworten auf Fragen:

Wo?
Das Buch liegt **unter** dem Bett.

Wann?
Ich muss **vor** sieben Uhr an der Bushaltestelle sein.

Warum?
Er musste **wegen** der Baustelle einen Umweg machen.

Mit wem?
Sie war **mit** ihrem Freund im Kino.

Wie?
Sie verließen das Fest **in** bester Stimmung.

Die **Präpositionen (Verhältniswörter)** sind manchmal mit dem nachfolgenden **Artikel (Begleiter)** verschmolzen:

zu der Feier = zur Feier
an dem Zaun = am Zaun
bei dem Baum = beim Baum

Das Wort **nicht** verneint das Verb (Tunwort).
Beispiel: Der Vogel fliegt **nicht**.

2 **Sprich und schreibe Sätze. Ergänze das Wort „nicht“ zu dem Verb „ist“.**

 Der Hase ist nicht weiß. Er ist braun.

 Das ____________ ist ____________ schwarz. Es ist ____________.

 Die ____________ ist ____________ ____________. Sie ist ____________.

 Der ____________ ist ____________ ____________. Er ist ____________.

3 **Sprich und schreibe Fragen und Antworten. Ergänze der Reihe nach die Namen, die Verben und die Verneinung „nicht“.**

Namen: ~~Fatima~~, ~~Pablo~~, Lisa, Adam, Anna
Verben: ~~malt~~, ~~liest~~, putzt, spült, spart, kauft, badet, schwimmt, wäscht, kocht

Frage: Was macht Fatima nicht gern?

Antwort: Fatima  malt nicht gern. Sie  liest gern.

Frage: Was ____________ Pablo nicht gern?

Antwort: Pablo ____________ ____________ gern. Er ____________ gern.

Frage: Was ____________ ____________ nicht gern?

Antwort: ____________ ____________ ____________ gern.

Antwort: ____________ ____________ gern.

Frage: Was ____________ ____________ nicht gern?

Antwort: ____________ ____________ ____________ gern.

Antwort: ____________ ____________ gern.

Frage: Was ____________ ____________ nicht gern?

Antwort: ____________ ____________ ____________ gern.

Antwort: ____________ ____________ gern.

5 Zeitformen – Präsens

1 **Finde in den Sprechblasen die Verben in der 3. Person Singular. Schreibe auch den Infinitiv (die Grundform) dazu.**

3. Person Singular	**Infinitiv**
räumt auf	aufräumen
______________	______________
______________	______________
______________	______________
______________	______________
______________	______________

!

Wenn Verben (Tunwörter) im **Präsens** (Gegenwart) stehen, teilen sie mit, was **jetzt** geschieht oder was jemand **jetzt** denkt oder fühlt.
Beispiel: Es regnet.
Jacob denkt an seinen Hund.

Wenn Verben (Tunwörter) im **Präteritum** (1. Vergangenheit) stehen, teilen sie mit, was **früher** geschah oder was jemand **früher** dachte oder fühlte. Man verwendet diese Zeitform meistens, wenn man über etwas schreibt.

Beispiel: wohnen

	Singular (Einzahl)	**Plural** (Mehrzahl)
1. Person:	ich wohn**te**	wir wohn**ten**
2. Person:	du wohn**test**	ihr wohn**tet**
3. Person:	er, sie, es wohn**te**	sie wohn**ten**

Der **Wortstamm** bleibt bestehen, aber die Endung ändert sich bei den Personalformen im Präteritum (1. Vergangenheit).

Beispiel: **wohn**te

wohn	te
Wortstamm	Endung

2 Sprich und schreibe Fragen und Antworten mit dem Verb  „wohnen" im Präteritum.

Frage: Wohntest du früher in Spanien?

Antwort: Ja, ich ________ ________________ früher in Spanien.

Frage: ________________ sie in dem Haus?

Antwort: Nein, sie ________________ bei meiner Familie.

Frage: ________________ er in dem Haus?

Antwort: Ja, ________ ________________ in dem Haus.

Frage: ________________ wir ________ bei ihrer Familie?

Antwort: Ja, ________ ________________ zusammen.

Frage: ________________ ihr in  dem Dorf?

Antwort: Nein, ihr ________________ in der Stadt.

Frage: ________________ die Kinder in  der Stadt?

Antwort: Nein, ________ ________________ in dem Dorf.

5 Zeitformen – Präteritum

! Bei manchen **Verben** ändert sich im **Präteritum** (1. Vergangenheit) auch der **Wortstamm**. Man nennt diese Verben **unregelmäßige Verben**.
Beispiel: fahren, er fuhr
Die unregelmäßigen Verben findest du im Wörterbuch ab der Seite **298**.

3 **Schreibe die Personalpronomen zu dem Verb „sein“ im Präteritum.**

~~Ich~~ · Er · Du · Sie · Wir · Es · Sie · Ihr

Ich ________ war gestern  zu Hause.

________ warst gestern im  Garten.

Der Vater war gestern in der  Stadt.

________ war gestern in der Stadt.

Die Mutter war gestern in der  Stadt.

________ war gestern in der Stadt.

Das Kind war gestern in der  Schule.

________ war gestern in der Schule.

Du und ich waren gestern im  Garten.

________ waren gestern im Garten.

Du und dein Freund wart gestern auf dem  Bauernhof.

________ wart gestern auf dem Bauernhof.

Die Mädchen waren gestern im  Zoo.

________ waren gestern im Zoo.

4 **Sprich und schreibe Fragen und Antworten mit dem Verb „sein“.**
Du findest es im Wörterbuch auf Seite 221.

Frage: Wo war Said gestern?

Antwort: Er ________ gestern in der Schule.

Frage: Wo ________ Eva gestern?

Antwort: ________ ________ gestern nicht in der Schule.

Frage: Wo ____________ du gestern?

Antwort: Ich ________ gestern in der Schule.

Verben (Tunwörter) im **Perfekt** (2. Vergangenheit) teilen mit, was jemand gerade getan hat oder was gerade geschehen ist.
Man verwendet diese Zeitform meistens, wenn man etwas erzählt.
Das **Perfekt** (2. Vergangenheit) besteht aus 2 Verben.
Beispiel: Es hat geregnet. Ich bin gelaufen.

5 **Finde das Hilfsverb „sein“ auf der Seite 221.**
Schreibe die Verben  **„laufen“ und**  **„gehen“ mit dem Hilfsverb „sein“ im Perfekt.**

laufen

ich bin gelaufen
du ______ gelaufen
er ______ gelaufen
sie ______ gelaufen
es ______ gelaufen
wir ______ gelaufen
ihr ______ gelaufen
sie ______ gelaufen

gehen

ich bin gegangen
______
______
______
______
______
______
______

6 **Sprich und schreibe Fragen und Antworten.**

Frage: Ist Karim heute zur Schule gelaufen?

Antwort: Ja, er ist heute gelaufen.

Frage: Ist Fatima heute ______?

Antwort: Nein, sie ______ heute nicht ______.

Frage: ______ Tim heute ______?

Antwort: Ja, ______ ______ heute ______.

Im **Perfekt** (2. Vergangenheit) werden nur die Hilfsverben **sein** und **haben** konjugiert.
Beispiel: Ich bin gegangen. Ich habe gegessen.

7 **Schreibe die Verben**  **„essen“ und**  **„helfen“ mit dem Hilfsverb „haben“ im Perfekt.**

 **essen**

ich habe gegessen ______
du hast ______
er hat ______
sie ______
es ______
wir haben ______
ihr habt ______
sie haben ______

 **helfen**

ich habe geholfen ______
du ______
er ______
sie ______
es ______
wir ______
ihr ______
sie ______

8 **Sprich und schreibe Fragen und Antworten.**

Frage: Hast du  die Schokolade gegessen?

Antwort: Ja, ich habe  ______ ______ gegessen.

Frage: ______ du  ______ ______ ______?

Antwort: Ja, ______ ______  ______ ______ ______.

Frage: Hat ______ Maria dem Kind geholfen?

Antwort: Ja, sie ______ dem Kind ______.

!

Wenn **Verben** (Tunwörter) im **Futur** (1. Zukunft) stehen, teilen sie mit, was später geschehen wird oder was jemand später tun wird.
Beispiel: Später werde ich als Lehrerin arbeiten.
Lorenz wird gewinnen.

Im **Futur** (1. Zukunft) wird das Hilfsverb **werden** konjugiert und das zweite Verb bleibt im Infinitiv (in der Grundform).

9 **Schreibe die Verben**  **„einkaufen" und**  **„spülen" in der Zeitform Futur.**

 **einkaufen**

ich werde einkaufen
du wirst ______
er wird ______
sie ______
es ______
wir werden ______
ihr werdet ______
sie werden ______

 **spülen**

ich werde spülen
du ______
er ______
sie ______
es ______
wir ______
ihr ______
sie ______

10 **Sprich und schreibe Fragen und Antworten.**

Frage: Wann wird Ali  einkaufen?

Antwort: Morgen wird Ali  ______.

Frage: Wann ______ Anna  ______?

Antwort: Morgen ______ Anna  ______.

Frage: Wann ______ wir  ______?

Antwort: ______ ______ ______  ______.

6 Adjektive

1 **Finde die Adjektive (Eigenschaftswörter) in den Sprechblasen und schreibe sie auf die Linien.**

blau ____________ ____________

____________ ____________

____________ ____________

____________ ____________

____________ ____________

! **Adjektive** (Eigenschaftswörter) beschreiben, wie jemand ist oder wie etwas ist.
Beispiel: neu, klein, warm

2 Wo findest du die Adjektive von Aufgabe 1 im Wörterbuch? Schreibe die Seitenzahlen dazu.

	Adjektiv	Seite
	neu	182

3 Sprecht miteinander. Schreibe Fragen und Antworten.

Frage: Wie ist  das Wetter?

Antwort: Das Wetter ist  schön.

Frage: Wie ______  ______ ____________________?

Antwort: Das ________________ ______  ____________.

Frage: Wie ist  ________ ______________?

Antwort: Das Kleid ist  ________________.

Frage: Wie ist  ______ ______________?

Antwort:  Die ______________ ______  ____________.

Frage: Wie ist  ______ ________________?

Antwort:  Der ________________ ______  ____________.

6 Adjektive – Gegensätze

4 **Sprich und schreibe Sätze mit diesen Adjektiven.**

langsam ~~schnell~~ laut leise leer voll groß klein

Der Jaguar ist schnell. Er ist nicht ______________.

Der Zug ist ________. Er ist nicht ________.

Die Straßenbahn ist ________.

Sie ______ ________ __________.

Der Lastkraftwagen ______ __________.

______ ______ ________ __________.

5 **Sprich und schreibe Sätze mit Adjektiven wie in Aufgabe 4.**

~~trocken~~ ~~nass~~ neu alt weich hart groß klein lang kurz

Das Handtuch ist trocken.

Das Handtuch ist nicht nass.

Die Hose ist neu.

______________________________.

Der Pullover ____________________.

______________________________.

Die Schuhe ____________________.

______________________________.

Der Weg ____________________.

______________________________.

!

Adjektive (Eigenschaftswörter) können zwischen einem Artikel (Begleiter) und einem Nomen (Namenwort) stehen.
Sie verändern dann ihre Endung.
Beispiel: die neu**e** Jacke

6 **Schreibe die Adjektive vor das Nomen. Ergänze die Endung.**

Der Kaffee ist  bitter.

Der  bittere Kaffee schmeckt nicht.

Die Banane ist  süß.

Die  ___________ _______________ ist gut.

Die Zitrone ist  sauer.

Die  ____________ _______________ ist saftig.

Die Birne ist  weich.

Die  _____________ _____________ ist schlecht.

7 **Sprecht miteinander.**
Schreibe Fragen und Antworten.

Frage: Welche  Jacke möchtest du anziehen?

Antwort: Ich möchte die  ___________ _____________ _________________.

Frage: Welche  _____________ möchte Mehmet anziehen?

Antwort: Er möchte die  _________ _____________ _________________.

Frage: Welche  _____________ möchte Lea anziehen?

Antwort: Sie ____________ ______  __________ ____________ _________________.

6 Adjektive im Satz

8 **Sprich und schreibe Sätze mit Adjektiven in der richtigen Form.**

~~**lang, lange**~~

weiß, weiße

langsam, langsame

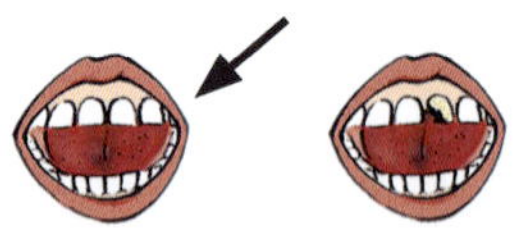

gesund, gesunde

still, stille

grün, grüne

Die Hundeleine ist **lang**.

Die **lange** Hundeleine gehört Laura.

Das Hemd ist ______________________

Das ____________ Hemd gehört Markus.

> **Adjektive** (Eigenschaftswörter) lassen sich steigern.
> Beispiel: Das Kleid ist neu, die Hose ist neu**er**.
> Bei der **Steigerung** bleibt der Wortstamm bestehen,
> die Endung ändert sich.

9 **Schreibe die Steigerungsform zu den Adjektiven.**

Adjektiv	1. Steigerungsform
schnell	
klein	
schön	
laut	
voll	
langsam	

10 **Sprich und schreibe Sätze mit den Adjektiven aus Aufgabe 9.**

 Das Auto ist schnell**er** als  das Fahrrad.

 Die Straßenbahn ist voller ________ als  der Bus.

 Die Maus ist ____________ als  ______ ____________.

 Dein Glas _____ ____________ ______ mein  ____________.

 Das Kleid _____ ____________ ______  ______ ____________.

 Das Kind _____ ____________ ______  ______ ____________.

 Der Bus _____ ____________ ______  ______ ____________.

 Das Kind _____ ____________ ______  ______ ____________.

 Der Affe _____ ____________ ______  ______ ____________.

6 Adjektive – unregelmäßige Steigerung

> **!** Bei manchen Adjektiven (Eigenschaftswörtern) **ändert sich der Wortstamm in der Steigerungsform**.
> Beispiel: **alt**, **ält**er, am **ält**esten
> Diese Adjektive heißen **unregelmäßige Adjektive**.

11 **Schreibe die Adjektive zu den Bildern.**
Schreibe die Steigerungsformen daneben.

~~alt~~ gesund kurz kalt jung groß gut lang hoch arm

	Adjektiv	1. Steigerungsform	2. Steigerungsform
	alt	älter	am ältesten

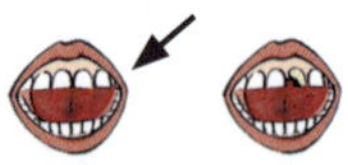			
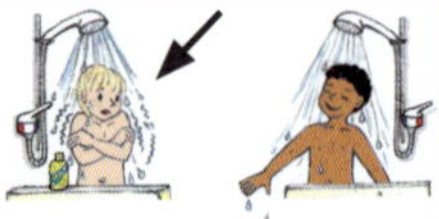			

! **Adjektive** (Eigenschaftswörter) haben **zwei Steigerungsformen.**
Beispiel: klug
klüger (1. Steigerungsform)
am klügsten (2. Steigerungsform)

12 **Sprich und schreibe Fragen und Antworten mit den Steigerungsformen aus Aufgabe 11.**

Frage: Sind deine 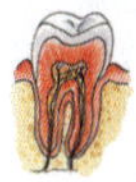 Zähne gesünder als meine Zähne?

Antwort: Ja, meine 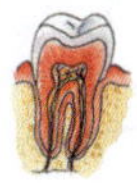 Zähne sind am gesündesten.

Frage: Ist deine  Schultasche  __________ als meine __________________?

Antwort: Ja, meine  ____________________ ist am  ___________.

Frage: Ist deine  ___________  ___________ als meine ___________?

Antwort: Ja, meine  ____________ ist am  ____________.

Frage: Ist deine  ___________  ___________ als meine ___________?

Antwort: Ja, meine  ____________ ist am  ____________.

Frage: Ist euer  ___________  __________ als unser ___________?

Antwort: Ja, unser  ___________ ist am  ______________.

Frage: Ist dein  ____________  _________ als mein ____________?

Antwort: Ja, mein  ___________ ist am  _____________.

Frage: Ist deine  ___________  _____________ als meine ___________?

Antwort: Ja, meine  ___________ ist am  _____________.

7 Präpositionen

1 **Finde die Präpositionen (Verhältniswörter) in den Sprechblasen und schreibe sie auf die Linien.**

hinter ____________ ____________

____________ ____________

____________ ____________

! Diese Wörter sind **Präpositionen** (Verhältniswörter):
an, auf, bei, bis, hinter, in, mit, nach, neben, seit, über, unter, von, vor, wegen, zu, zwischen.
Beispiel: Das Buch ist **auf** dem Tisch.

Präpositionen (Verhältniswörter) antworten auf Fragen.
Sie sagen, wo etwas ist oder wo etwas geschieht.
Beispiel: **Wo** ist das Buch? Das Buch ist **auf** dem Tisch.

2 **Sprich und schreibe Fragen und Antworten mit den Präpositionen „neben“ und „hinter“.**

Frage: Wo ist das Buch?

Antwort: Das Buch ist ____________ dem Heft.

Frage: Wo ist der Lehrer?

Antwort: _______ ____________ ist ____________ Anna.

Frage: Wo ist Anna?

Antwort: Anna ______ ____________ dem Lehrer.

Frage: Wo ist der Hausmeister?

Antwort: ______ ____________________ ist

____________ dem Fenster.

Frage: Wo ist ______ ____________?

Antwort: ______ ____________ ist

____________ _______ ____________.

3 **Sprecht miteinander. Schreibe die Fragen und Antworten.**

Frage: Wo wohnst du?

Antwort: Ich wohne in Deutschland.

Frage: Wo wohnt Pablo?

Antwort: Er ____________ _____ Spanien.

Frage: Wo ____________ Lisa?

Antwort: Sie ____________ _____ __________________.

7 Präpositionen

! **Präpositionen** (Verhältniswörter) sind manchmal **mit dem nachfolgenden Artikel** (Begleiter) **verbunden**:
in dem → im, zu dem → zum, an dem → am.
Beispiel: Tim steht **an dem** Waschbecken.
Tim steht **am** Waschbecken.

4 **Sprich und schreibe Fragen und Antworten.**

Frage: Wo steht Hassan?

Antwort: Er ________ an dem Waschbecken.

Frage: Wo ________ Hassan?

Antwort: Er ________ am ________________.

Frage: Wo ________ Papa?

Antwort: Er ________ ______ ________.

Frage: Wo ________ Mama?

Antwort: Sie ________ ______ ________.

Frage: Wo lebt ______ ____________?

Antwort: Er ________ im Zoo.

Frage: Wo lebt ______ ____________________?

Antwort: Es ________ ______ ________.

Frage: Wo lebt ______ ________?

Antwort: Es ________ ______ ________.

Frage: Wo lebt ______ ____________?

Antwort: Sie ________ ______ ________.

5 Sprich und schreibe Sätze mit Präpositionen.

auf	~~zwischen~~	vor	unter	neben	in	vor
zur	~~bis~~	von	zum	seit	bei	bis	zu

Das Zimmer ist im Haus.

Die Garage ist 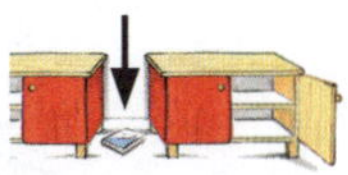 zwischen _______ zwei Häusern.

Der Garten ist 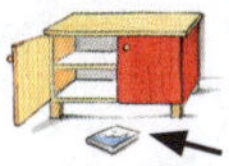 _______ dem Haus.

Der Teppich ist 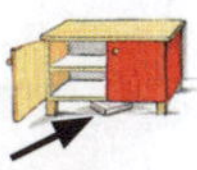 _______ dem Tisch.

Der Herd ist 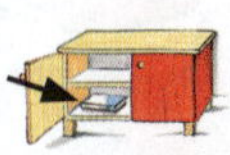 _______ der Küche.

Der Teller ist 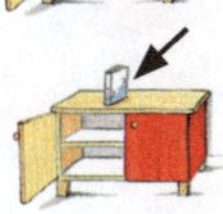 _______ dem Tisch.

Die Mülltonne ist  _______ dem Haus.

Der Herd ist  _______ dem Kühlschrank.

Heute gehe ich _______ meinen Großeltern.

Der Bus fährt bis _______ _______ letzten Bushaltestelle.

Ich gehe _______ der Bushaltestelle _______ _______ Haus meiner Großeltern.

Ich war _______ drei Wochen nicht _______ meinen Großeltern.

8 Sätze

1 **Schreibe die Sätze aus den Sprechblasen auf die Linien.**

Wir brauchen Tabletten.

!

Es gibt verschiedene Satzarten.
Das erste Wort in einem **Satz** beginnt mit einem Großbuchstaben.
Beispiel: Danke! Es geht mir gut.

!

Mit einem **Aussagesatz** teilen wir etwas mit.
Am Ende des Satzes steht ein **Punkt** [.].
Beispiel: Ich gehe zum Arzt.

2 **Finde in Aufgabe 1 die Aussagesätze und schreibe sie auf die Linien. Achte auf den Punkt.**

____

____

____

____

____

3 **Finde die Aussagesätze auf Seite 50 im Wörterbuch und schreibe sie auf.**

____

____

____

____

4 **Finde die Aussagesätze auf den Seiten 18 und 23 im Wörterbuch und schreibe sie auf.**

____

____

____

____

____

____

8 Sätze – Satzschlusszeichen

! Wir wollen etwas wissen und stellen eine **Frage**.
Am Ende des Satzes steht ein **Fragezeichen** [?].
Beispiel: Wie geht es dir?

5  **Wo steht ein Punkt [.]? Wo steht ein Fragezeichen [?]?**

Das Haus ist groß [.] Ist das Haus groß [?]

Das ist ein Haus [.] Ist das ein Haus [?]

Das ist kein  Stall [ ]

Ist das kein  ______ [ ]

Sie ist  die Lehrerin [ ]

Ist sie  ______ ______ [ ]

Er ist nicht  der Lehrer [ ]

Ist er nicht  ______ ______ [ ]

6  **Sprich und schreibe Fragen und Antworten mit den Verben.**
Setze Punkte [.] und Fragezeichen [?].

Was  macht die Katze [ ]

 Die ______  springt nicht [ ]

Sie  ______ [ ]

Was  ______  ______ ______ [ ]

 Der ______  ______ nicht [ ]

Er  ______ [ ]

Was  ______  ______ ______ [ ]

Der  ______  ______ nicht [ ]

Er  ______ [ ]

~~springt~~
~~macht~~
rennt
schläft
sitzt
macht
liegt
macht
brüllt

!

Wir wollen etwas wissen und fragen mit einem **Fragewort**.
Nach dem **Ort** fragen wir mit den Fragewörtern **wo, wohin, woher**.

Beispiel:	**wo**?	Wo wohnst du?
	wohin?	Wohin gehst du?
	woher?	Woher kommt Buruk?

7 **Sprich und schreibe Fragen mit Fragezeichen ☐?☐ und Antworten mit Punkt ☐.☐.**

Wo kaufen wir ein ☐

Wir kaufen im Supermarkt ______ ein ☐

______ kaufen wir den Käse ein ☐

Wir kaufen ______ ______ im ______ ein ☐

______ kaufen wir ______ ______ ein ☐

Wir kaufen ______ ______ im ______ ein ☐

______ kaufen wir ______ ______ ein ☐

Wir kaufen ______ ______ in der Bäckerei ______ ein ☐

______ kaufen wir ______ ______ ein ☐

Wir kaufen ______ ______ in der ______ ein ☐

______ kaufen wir ______ ______ ein ☐

Wir kaufen ______ ______ im Blumenladen ______ ein ☐

______ kaufen wir ______ ______ ein ☐

Wir kaufen ______ ______ im ______ ein ☐

8 Sätze – Fragesätze mit „wohin?“ und „woher?“

8 **Sprich und schreibe Fragen mit Fragezeichen ? und Antworten mit Punkt .**

Wohin fährt Laura ?

Laura fährt nach Deutschland .

_______ fährt Ali

Ali _______ nach Berlin

_______ _______ Elif

Elif _______ nach Düsseldorf

_______ _______ Lorenz

Lorenz _______ nach München

Woher kommst du

Ich komme aus Amerika

Woher kommt Pablo

Pablo _______ aus Spanien

_______ _______ Karim

Karim _______ aus Syrien

9 **Sprecht miteinander. Spielt ein Frage- und Antwortspiel mit den Sätzen aus den Aufgaben 7 und 8.**

! Nach der **Zeit** fragen wir mit dem **Fragewort „wann**?“.
Beispiel: Wann fährt der Zug?

10 **Sprich und schreibe Fragen mit Fragezeichen ? und Antworten mit Punkt .**

Wann fährt 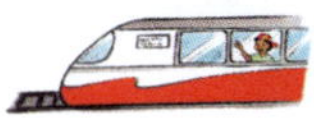 der Zug ☐

Der Zug fährt in einer Stunde ☐

__________ fährt  ______ __________ ☐

 ______ __________ __________ morgen ☐

__________ fliegt  ______ __________ ☐

 ______ __________ __________ am Samstag ☐

__________ kommen deine  Eltern ☐

__________  __________ __________ ______ Donnerstag ☐

Wann ist dein 

Geburtstag ☐

Mein Geburtstag ist im Januar ☐

__________ ist ______ __________ ☐

Mein __________ ist im __________ ☐

Wann wird Ali das Haus  kehren ☐

Morgen wird Ali das Haus  kehren ☐

__________ wird Marie die Küche  putzen ☐

Morgen __________ __________ die __________  __________ ☐

__________ wird Adam  __________ ☐

__________ __________ __________  __________ ☐

8 Sätze – Fragesätze mit „wie?“

! Nach der **Art und Weise** fragen wir mit dem **Fragewort „wie**?“.
Beispiel: Wie geht es dir?

11 **Sprich und schreibe Fragen mit Fragezeichen ? und Antworten mit Punkt . .**

Frage: Wie gefällt dir  das Kleid ☐

Antwort:  ________ ____________ gefällt mir gut ☐

Frage: Wie gefällt dir  ________ ____________ ☐

Antwort:  ________ ____________ gefällt mir ________ ☐

Frage: ________ gefällt dir  ________ ____________ ☐

Antwort:  ________ ____________ gefällt mir ________ ☐

Frage: ________ gefällt dir  ________ ____________ ☐

Antwort:  ________ ____________ gefällt mir ________ ☐

12 **Sprich und schreibe Fragen mit Fragezeichen ? und Antworten mit Punkt . .**

Frage: Wie geht es Ali ☐

Antwort: Ali geht es nicht gut ☐

Frage: ________ geht es Markus ☐

Antwort: Markus ________ ____ ____________ ________ ☐

Frage: Wie bist du nach Deutschland gekommen ☐

Antwort: Ich bin mit dem  ________ nach Deutschland gekommen ☐

Frage: ________ ist Lorenz nach Berlin gekommen ☐

Antwort: Lorenz ist mit dem  ________ nach Berlin gekommen ☐

Frage: ________ ist Eva nach Köln gekommen ☐

Antwort: Eva ______ mit dem  ________ nach Köln ________________ ☐

!

In einem **Aufforderungssatz** fordern wir jemanden auf etwas zu tun.
Am Ende des Satzes steht ein **Ausrufezeichen** [!].
Beispiel: Geht in die Sporthalle!
Auch nach **Ausrufen** steht ein **Ausrufezeichen** [!].
Beispiel: Danke!

13 **Sprich und schreibe Aussagesätze mit Punkt [.] und Aufforderungssätze mit Ausrufezeichen [!].**

Da ist  das Buch ☐

Gib mir bitte  das Buch ☐

Hier bitte ☐

Danke ☐

Das ist  ______ __________ ☐

Gib mir bitte  ______ __________ ☐

______ __________ ☐

__________ ☐

Das ist 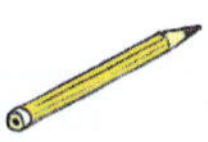 ______ __________ ☐

Gib mir bitte 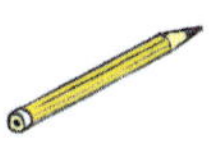 ______ __________ ☐

______ __________ ☐

__________ ☐

14 **Sprecht miteinander.**
Spielt ein Frage- und Antwortspiel
mit den Sätzen aus den Aufgaben 12 und 13.

15 Sprich und schreibe Sätze mit den Wörtern und Satzzeichen.

~~helfen~~ ~~Haus~~ ~~im~~ ~~kann~~ ~~Wer~~ ~~?~~

Wer kann im Haus helfen?

auf-räumen Mutter Die kann .

kann bügeln Vater Der .

ab-stauben den Sohn Der Schrank kann .

kann Die Tochter kehren .

mir den bitte Besen Gib !

Der **bestimmte Artikel im Singular**: der – die – das			
	maskulinum	femininum	neutrum
Nominativ	**der** Mann	**die** Frau	**das** Kind
Genitiv	**des** Mannes	**der** Frau	**des** Kindes
Dativ	**dem** Mann	**der** Frau	**dem** Kind
Akkusativ	**den** Mann	**die** Frau	**das** Kind

Der **bestimmte Artikel im Plural**: die – die – die			
	maskulinum	femininum	neutrum
Nominativ	**die** Männer	**die** Frauen	**die** Kinder
Genitiv	**der** Männer	**der** Frauen	**der** Kinder
Dativ	**den** Männern	**den** Frauen	**den** Kindern
Akkusativ	**die** Männer	**die** Frauen	**die** Kinder

Der **unbestimmte Artikel im Singular**: ein – eine – ein			
	maskulinum	femininum	neutrum
Nominativ	**ein** Mann	**eine** Frau	**ein** Kind
Genitiv	**eines** Mannes	**einer** Frau	**eines** Kindes
Dativ	**einem** Mann	**einer** Frau	**einem** Kind
Akkusativ	**einen** Mann	**eine** Frau	**ein** Kind
Im **Plural** fällt der **unbestimmte Artikel** in allen Fällen weg.			

Das Adjektiv ohne Artikel: guter – gute – gutes			
	maskulinum	femininum	neutrum
Nominativ	gut**er** Mann	gut**e** Frau	gut**es** Kind
Genitiv	gut**en** Mannes	gut**en** Frau	gut**en** Kindes
Dativ	gut**en** Mann	gut**en** Frau	gut**en** Kind
Akkusativ	gut**en** Mann	gut**e** Frau	gut**e** Kind

Deklinationstabellen

Das **Personalpronomen im Singular**: ich – du – er, sie, es					
	1. Person	2. Person	3. Person		
Nominativ – wer?, was?	ich	du	er	sie	es
Genitiv – wessen?	meiner	deiner	seiner	ihrer	seiner
Dativ – wem?	mir	dir	ihm	ihr	ihm
Akkusativ – wen?, was?	mich	dich	ihn	sie	es

Das **Personalpronomen im Plural**: wir – ihr – sie			
	1. Person	2. Person	3. Person
Nominativ – wer?, was?	wir	ihr	sie
Genitiv – wessen?	unser	euer	ihrer
Dativ – wem?	uns	euch	ihnen
Akkusativ – wen?, was?	uns	euch	sie

Das **Possessivpronomen**		
Personalpronomen	**Possessivpronomen**	Beispiele
ich	mein	**Mein** Vater heißt Karl.
du	dein	Wie heißt **dein** Vater?
er	sein	Wie heißt **sein** Vater?
sie	ihr	Wie heißt **ihr** Vater?
es	sein	**Sein** Vater ist aus Asien.
wir	unser	**Unser** Vater ist 50 Jahre alt.
ihr	euer	Ist **euer** Vater ein Lehrer?
sie	ihr	Wo arbeitet **ihr** Vater?

Das **Possessivpronomen im Singular und Plural**				
	maskulinum	femininum	neutrum	Plural
Nominativ	mein Mann	mein**e** Frau	mein Kind	mein**e**
Genitiv	mein**es** Mannes	mein**er** Frau	mein**es** Kindes	mein**er**
Dativ	mein**em** Mann	mein**er** Frau	mein**em** Kind	mein**en**
Akkusativ	mein**en** Mann	mein**e** Frau	mein Kind	mein**e**

Das Possessivpronomen als Begleiter des Nomens					
		maskulinum	femininum	neutrum	Plural
ich	Nominativ	mein	meine	mein	meine
du		dein	deine	dein	deine
er		sein	seine	sein	seine
sie		ihr	ihre	ihr	ihre
es		sein	seine	sein	seine
wir		unser	unsere	unser	unsere
ihr		euer	euere	euer	euere
sie		ihr	ihre	ihr	ihre
ich	Genitiv	meines	meiner	meines	meiner
du		deines	deiner	deines	deiner
er		seines	seiner	seines	seiner
sie		ihres	ihrer	ihres	ihrer
es		seines	seiner	seines	seiner
wir		unseres	unserer	unseres	unserer
ihr		eueres	euerer	eueres	euerer
sie		ihres	ihrer	ihres	ihrer
ich	Dativ	meinem	meiner	meinem	meinen
du		deinem	deiner	deinem	deinen
er		seinem	seiner	seinem	seinen
sie		ihrem	ihrer	ihrem	ihren
es		seinem	seiner	seinem	seinen
wir		unserem	unserer	unserem	unseren
ihr		euerem	euerer	euerem	eueren
sie		ihrem	ihrer	ihrem	ihren
ich	Akkusativ	meinen	meine	mein	meine
du		deinen	deine	dein	deine
er		seinen	seine	sein	seine
sie		ihren	ihre	ihr	ihre
es		seinen	seine	sein	seine
wir		unseren	unsere	unser	unsere
ihr		eueren	euere	euer	euere
sie		ihren	ihre	ihr	ihre

Konjugationstabellen

Regelmäßige Verben in den Zeitformen Präsens, Präteritum, Perfekt und Futur I					
	Infinitiv	Präsens	Präteritum	Perfekt	Futur I
ich	malen	male	malte	habe gemalt	werde malen
du		malst	maltest	hast gemalt	wirst malen
er		malt	malte	hat gemalt	wird malen
sie		malt	malte	hat gemalt	wird malen
es		malt	malte	hat gemalt	wird malen
wir		malen	malten	haben gemalt	werden malen
ihr		malt	maltet	habt gemalt	werdet malen
sie		malen	malten	haben gemalt	werden malen
ich	spielen	spiele	spielte	habe gespielt	werde spielen
du		spielst	spieltest	hast gespielt	wirst spielen
er		spielt	spielte	hat gespielt	wird spielen
sie		spielt	spielte	hat gespielt	wird spielen
es		spielt	spielte	hat gespielt	wird spielen
wir		spielen	spielten	haben gespielt	werden spielen
ihr		spielt	spieltet	habt gespielt	werdet spielen
sie		spielen	spielten	haben gespielt	werden spielen
ich	sein	bin	war	bin gewesen	werde sein
du		bist	warst	bist gewesen	wirst sein
er		ist	war	ist gewesen	wird sein
sie		ist	war	ist gewesen	wird sein
es		ist	war	ist gewesen	wird sein
wir		sind	waren	sind gewesen	werden sein
ihr		seid	wart	seid gewesen	werdet sein
sie		sind	waren	sind gewesen	werden sein
ich	haben	habe	hatte	habe gehabt	werde haben
du		hast	hattest	hast gehabt	wirst haben
er		hat	hatte	hat gehabt	wird haben
sie		hat	hatte	hat gehabt	wird haben
es		hat	hatte	hat gehabt	wird haben
wir		haben	hatten	hatten gehabt	werden haben
ihr		habt	hattet	hattet gehabt	werdet haben
sie		haben	hatten	haben gehabt	werden haben